SHANGWU TANPAN YU GOUTONG SHIZHAN ZHINAN

商务谈判与沟通实战指南

陈鹏 编著

化学工业出版社

·北京·

本书以必要的商务谈判理论和沟通技巧为依据,穿插了大量的实践案例,对商务谈判、商务沟通的基本理论和实践中的具体运用做了全面而详细的介绍,使理论与实践紧密结合。读者通过对本书的学习,可以轻松自如地掌握商务谈判与沟通技巧的基本概念、原理和方法,掌握商务谈判与沟通技能。

本书适合从事商务谈判、沟通工作的所有相关人员阅读参考,也可供喜欢沟通与谈判工作的大学生阅读参考。

图书在版编目(CIP)数据

商务谈判与沟通实战指南/陈鹏编著. —北京:化学工业出版社,2018.10(2020.2重印)
ISBN 978-7-122-32705-5

Ⅰ.①商⋯　Ⅱ.①陈⋯　Ⅲ.①商务谈判　Ⅳ.①F715.4

中国版本图书馆 CIP 数据核字(2018)第 161707 号

责任编辑:蔡洪伟　　　　　　　　文字编辑:李　曦
责任校对:王素芹　　　　　　　　装帧设计:王晓宇

出版发行:化学工业出版社(北京市东城区青年湖南街13号　邮政编码100011)
印　　装:天津画中画印刷有限公司
710mm×1000mm　1/16　印张11¾　字数214千字　2020年2月北京第1版第2次印刷

购书咨询:010-64518888　　　　　　　售后服务:010-64518899
网　　址:http://www.cip.com.cn
凡购买本书,如有缺损质量问题,本社销售中心负责调换。

定　价:48.00元　　　　　　　　　　　　　　　　　版权所有　违者必究

Foreword 前言

本书是谈判技巧、沟通技能、销售管理类的实用性书籍,以必要的商务谈判理论和沟通技巧为依据,以培养商务谈判的实际技能为重点,对商务谈判、商务沟通的基本理论和在实践中的具体运用做了全面而详细的介绍,使理论与实践紧密结合。本书相关案例的选用充分考虑了国际国内情况、文化背景,侧重培养商务谈判能力及沟通技能,既易于理解掌握,又有利于指导商务谈判的具体实践。作者在广泛听取商贸行业人士、企业管理人士、教育专家意见的基础上,结合当前就业趋势以及市场经济的发展需要编写了本书。本书力求成为打造应用型商务人才和增强人们职场竞争力的有效工具,帮助读者全面学习谈判、沟通管理知识和技能,提高职业素质和就业能力。

读者通过对本书的学习,可以轻松自如地掌握商务谈判与沟通技巧的基本概念、原理和方法,掌握企业商务谈判与沟通技巧技能。相信经过学习,读者的谈判能力及沟通技巧一定会有所提高,并能在实践训练中提升职业素养,成为专业理论、岗位技能、职业素养兼备的合格人才。

本书由陈鹏编著,蒋小龙和黄瑞鹏等参与了资料的收集和整理工作。本书参考与引用了国际、国内相关著作和教材的资料与案例(详见参考文献),特对相关作者表示感谢。在此对所有为本书付出努力的同志致以诚挚的谢意。

编著者
2018年6月

1.1	说说商务谈判 / 2
1.2	商务谈判的四大要素 / 5
1.3	商务谈判的具体特征 / 7
1.4	商务谈判的基本方式 / 8
1.5	多变的商务谈判内容 / 11
1.6	复杂的商务谈判内容 / 17
1.7	商务谈判中的制胜原则 / 19
1.8	商务谈判的"三大"价值评价标准 / 23
1.9	商务谈判的"五个"作用 / 25
	【本章回顾】/ 26
	【实战演练1】/ 26

第1章
认知商务谈判

001

2.1	谈判人员的最佳数量 / 29
2.2	谈判人员需具备的基本素质 / 29
2.3	谈判人员的组成及分工 / 33
2.4	如何选拔优秀的谈判人员 / 36
2.5	商务谈判的信息调查方法 / 38
2.6	实施信息调查 / 40
2.7	关注谈判对手值得关注的信息 / 42
2.8	了解己方实力 / 46
2.9	开展商务谈判各个阶段的管理工作 / 46
2.10	实施行之有效的商务谈判策略 / 53
	【本章回顾】/ 58
	【实战演练2】/ 59

第2章
商务谈判的高效管理

028

第3章 商务谈判"四步"曲

062

- 3.1 谈判流程第一步——开局 / 63
- 3.2 谈判流程第二步——报价 / 76
- 3.3 谈判流程第三步——磋商 / 84
- 3.4 谈判流程第四步——结束 / 100
- 【本章回顾】/ 104
- 【实战演练3】/ 104

第4章 商务谈判的关键技巧——语言的魅力

108

- 4.1 谈判语言的魅力 / 109
- 4.2 有效倾听 / 116
- 4.3 耐心询问 / 118
- 4.4 陈述得体 / 120
- 4.5 对答如流 / 122
- 4.6 能言善辩 / 124
- 4.7 头语能表意 / 125
- 4.8 眼睛会说话 / 126
- 4.9 眉毛会传情 / 127
- 4.10 嘴部动作有深意 / 127
- 4.11 上肢语较多变 / 127
- 4.12 下肢语须留意 / 130
- 4.13 腰腹语极丰富 / 131
- 4.14 其他姿势语须了解 / 131
- 【本章回顾】/ 133
- 【实战演练4】/ 133

5.1 内外谈判必有别 / 135
5.2 美国商人的谈判风格 / 140
5.3 加拿大商人的谈判风格 / 143
5.4 英国商人的谈判风格 / 144
5.5 德国商人的谈判风格 / 144
5.6 法国商人的谈判风格 / 145
5.7 俄罗斯商人的谈判风格 / 146
5.8 日本商人的谈判风格 / 147
5.9 韩国商人的谈判风格 / 149
5.10 东南亚商人的谈判风格 / 150
【本章回顾】/ 151
【实战演练5】/ 151

第5章
详解国际商务谈判

134

6.1 认知商务沟通 / 154
6.2 构建商务沟通的模型 / 160
6.3 语言沟通传递信息 / 162
6.4 非语言沟通表达情意 / 164
6.5 剖析商务沟通障碍 / 168
6.6 商务沟通成功要领 / 172
【本章回顾】/ 174
【实战演练6】/ 174

第6章
解密商务沟通

153

【实战演练】答案 / 177

附录

176

参考文献 / 179

第1章
认知商务谈判

在现代商业活动中，谈判是交易的前奏，谈判是销售的主旋律。可以毫不夸张地说，人生在世，你无法逃避谈判；从事商业经营活动，除了谈判，你别无选择。然而，尽管谈判天天都在发生，时时都在进行，但要使谈判的结果尽如人意，却不是一件容易的事。怎样才能做到在谈判中挥洒自如、游刃有余，既实现己方目标，又能与对方携手共庆呢？从本章开始，我们一起走进谈判的圣殿，领略其博大精深的内涵，解读其运筹帷幄的奥妙。

1.1 说说商务谈判

  实战案例1-1

2013年，广州某冶金公司要向美国购买一套先进的组合炉，派了一位高级工程师与美商谈判。为了不辱使命，这位高级工程师做了充分的准备工作，他查找了大量有关冶炼组合炉的资料，花了很多精力了解国际市场上组合炉的行情及美国公司的历史、现状、经营情况等。当谈判购买冶炼组合炉时，美方报价330万美元，经过讨价还价压到130万美元。中方仍然不同意，坚持出价100万美元。美方表示不愿继续谈下去了，把合同往中方工程师面前一扔，说："我们已经做了这么大的让步，贵公司仍不能合作，看来你们没有诚意，这笔生意就算了，明天我们回国了。"中方工程师闻言轻轻一笑，把手一伸，做了一个优雅的"请"的动作。美方真的走了，冶金公司的其他人有些着急，甚至埋怨工程师不该抠得这么紧。工程师说："放心吧，他们会回来的。同样的设备，去年他们卖给法国只要98万美元，国际市场上这种设备的价格为100万美元是正常的。"果然不出所料，一个星期后美方又回来继续谈判了。工程师向美方点明了他们与法国的成交价格，美方又愣住了，没有想到眼前这位中国商人如此精明，于是不敢再报虚价，只得说："现在物价上涨得厉害，比不了去年。"工程师说："每年物价上涨指数没有超过6%。一年时间，你们算算，该涨多少？"美方被问得哑口无言，在事实面前，不得不让步，最终以103万美元达成了这笔交易。

通过阅读上述案例，作为管理者或谈判人员我们需要思考谈判究竟有什么作用，人们为什么愿意乐此不疲地进行谈判呢？只要搞明白这两个问题，谈判就值得我们去学习和了解了。

1.1.1 谈判的由来

实际上，谈判有广义和狭义之分。广义的谈判包括一切磋商、交涉、商讨等；狭义的谈判是指正式场合下的谈判。谈判不仅是人类的普遍社会行为，更需要我们理性、认真地去对待。谈判动机的选择、谈判计划安排、谈判进程、谈判结果，这些因素都可能导致我们的生活和工作发生改变。一次错误和失败的谈判可能给一个国家或一个企业带来重大危机，一次成功的谈判可能为国家带来新的发展，为企业带来新的机遇。

谈判到底有什么效果和意义？人们需要弄清楚什么是谈判。这个问题也同样是很多学者需要尝试解答的。

谈判是什么？谈判有什么作用？在谈判发展的初期，无论是在美国还是在中国，都曾有人对此做出了研究，对谈判是否存在规律性、科学性进行了研究。随着社会的发展和经济的进步，人们在工作实践和生活中发现谈判越来越需要理论指导，否定谈判的科学性和必要性的人越来越少。但是，由于文化背景、历史渊源、思维方式的不同，人们对谈判的定义仍然存在很大差异。

其实，关于谈判的定义，诸多学者都提出了自己的观点。要给谈判下一个准确的定义，并不是件容易的事情。因为谈判的内容极其广泛，人们很难用一两句话准确、充分地表达谈判的全部内涵。因而，我们试图从谈判的形式、内容和特征等方面入手，对谈判的内涵进行分析，描绘出谈判比较清晰的轮廓，以便把握谈判的基本概念。也有学者认为谈判就是一种技能，有的则认为谈判其实就是一种程序。总结以上观点，我们将谈判的定义归纳如下：

（1）谈判就是指某些组织或个人为达到协调关系、缓解矛盾、化解冲突、实现利益等具体目的，通过磋商、沟通、协调等方式来达成一致性意见的行为过程。上述案例其实很明显地给出了结论，谈判的最终目的不外乎就是争取到较为优惠的组合炉的价格。为理解谈判这一具体定义，有必要掌握谈判所具有的主要特征：谈判总是以某种利益的满足为目标，是建立在人们需要的基础上的。这是人们进行谈判的动机，也是谈判产生的原因。

（2）谈判是两方以上的交际活动，只有一方无法进行谈判活动，而且只有参与谈判的各方的需要有可能通过对方的行为而得到满足时，才会产生谈判。比如，商品交换中买方和卖方的谈判，只有买方或者只有卖方时，不可能进行谈判；当卖方不能提供买方需要的产品时，或者买方完全没有可能购买卖方想出售的产品时，也不会有双方的谈判。至少有两方参与是进行谈判的先决条件。

（3）谈判是寻求建立或改善人们的社会关系的行为。人们的一切活动都是以一定的社会关系为条件的。就拿商品交换活动来讲，从形式上看是买方与卖方的商品交换行为，但实质上是人与人之间的关系，是商品所有者和货币持有者之间的关系。买卖行为之所以能发生，有赖于买方或卖方新的关系的建立。

（4）谈判是一种协调行为的过程。谈判的开始意味着某种需求希望得到满足、某个问题需要解决或某方面的社会关系出了问题。解决问题、协调矛盾，不可能一蹴而就，总需要一个过程。这个过程往往不止一次，而是随着新问题、新矛盾的出现不断重复，意味着社会关系需要不断协调。在特定的客观环境中，社会关系往往复杂多变，随着新问题、新矛盾的出现不断重复。本来是敌对的双方，在一定的谈判场合中，谈判双方本着共同的目的是完全可以化敌为友、实现利益转换的，这就需要谈判人员充分利用谈判技巧来改善彼此的关系。

（5）任何一种谈判都选择在参与者认为合适的时间和地点举行。这是区分狭义的谈判和广义的谈判的一个很重要的依据。谈判时间与地点的选择实际上已经成为谈判的一个重要组成部分，对谈判的进行和结果都有直接的影响。购销谈判、项目谈判、外贸谈判等都对时间和地点的选择十分重视。尤其是军事谈判，更注重地点的选择。美越战争期间，双方选择在法国巴黎进行和谈；朝鲜战争期间，中美双方在朝鲜三八线上的板门店举行谈判，谈判桌一半放置在三八线的左侧，一半放置在三八线的右侧。

1.1.2 商务的起源

传统商务的概念，是企业在具体进行一个商务交易过程中的实际操作步骤和处理过程，由交易前的准备、贸易磋商、合同与执行、支付与清算等环节组成。简单来讲，商务指一切有形和无形资产的交换和买卖活动。商务行为分为四类：

① 大多时候我们直接进行有形商品的交易活动，可称为"买卖商务"，也称为"第一商务"，如批发、零售业直接从事商品收购与销售的活动；

② 为有形商品的交易活动直接服务的商业活动，可称为"辅助商务"，也称为"第二商务"，如运输仓储、加工整理等；

③ 间接为商业活动服务的项目，可称为"媒介商务"或"第三商务"，如金融、保险、信托、租赁、中介等；

④ 进行服务贸易的活动，可称为"润滑商务"或"第四商务"，如宾馆、饭店、理发店、影剧院，以及信息、咨询、广告等服务贸易。

1.1.3 商务谈判的发展

商务谈判，我们也可称之为商业谈判，是指在一定商务环境下，买卖双方为促进交易、实现自身利益、解决双方争端而进行的意见交流、磋商的一种方法和手段。其实任何一项协议和合约，都是因为各方利益不同才产生达成协议和合约的愿望，进而通过谈判来达成一致性意见。在商品和贸易谈判中，卖主和买主都喜欢商品和货币，但彼此偏好、购买力的差异等导致双方存在分歧，但为各取所需，兴趣与爱好促使买卖双方最后放弃分歧和成见，交易反而达成了，这就是谈判的魅力所在。

因此，共同性的利益和可以互补的分歧性利益，都可能促进彼此为达成协议而进行谈判行为。商务谈判不是弱肉强食，不是瓜分剩余价值，也不是你争我抢，更不是为了打倒对方。谈判是一种竞争，但更是一种合作，必须求同存异、目标一致，才能使双方互惠互利。

商务谈判是现代市场营销、企业管理的重要内容，也是营销的关键环节和主要手段。在市场经济体制条件下，市场供求与合作越来越常见。各方面合作利益体通过谈判的手段来消除误会、分歧、矛盾，通过谈判来加强沟通与合作，进而寻求彼此的共识，商务谈判已成为社会经济生活中的普遍现象。从企业营销的角度来看，商务谈判不仅是企业市场营销活动的主要内容，而且成败与否，也在很大程度上影响着企业的可持续发展和外部的机遇。因此，了解和学习商务谈判的一些基本技能、知识、方法和技巧，对营销工作甚至对企业管理工作有着非常重要的指导意义。

1.2　商务谈判的四大要素

实战案例1-2

乐乐在"母亲节"来临之际，为表达对妈妈的爱，陪妈妈去商场买衣服。在某法国品牌服装店，妈妈看上了一件时尚风衣，然后向服装店销售人员询问衣服的价格。店员告知4800元，乐乐说贵了点，店员说今天搞促销活动，已经是促销价了，原价6800元。乐乐妈妈说上个月买的一件相似布料的衣服才3500元。店长走了过来，说："如果真想买的话，就算4500元。"乐乐说："啊，说了这么久，才便宜300元啊。"

在本案例中，我们需要思考人物进行的是什么类型的谈判活动，还需要了解本次谈判的构成要素是什么。这些内容是学习本案例的关键部分。

商务谈判要素是指谈判的构成因素和内部结构。一般来讲，谈判的基本要素有四个：谈判主体、谈判客体、谈判行为和谈判目标。

1.2.1　要素一——谈判主体

谈判主体一般是指参与谈判的当事人，主体必须具备相应的权力和科学知识能力，不是什么人都可以成为谈判主体。对谈判主体有关规定的认识很有必要。因为谈判主体是谈判的前提,在谈判中要注意避免因谈判主体的不合格,而使谈判失败带来损失。如果谈判的主体不合格,便无法承担谈判的后果。如未经授权或超越代理权的谈判行为,谈判主体都不会承担相关责任。

在现实谈判中,由于忽视了事先考虑己方或对方的主体资格审查,从而使谈判归于无效并遭受经济损失的案例比比皆是。

实战案例1-3

2016年,湖北某知名中药厂与所在市经济开发区的一个公司签订了代理出口名贵中药至澳门的合同。由于中药厂未审查对方能否按照合同内容承担履约的义务的主体资格,结果大批产品被海关扣押。这不仅使双方遭受经济损失,而且还招至澳门商人索赔的不良后果。

通过以上案例,我们可以确定的是谈判主体资格的确认对谈判结果的形成非常关键,这需要谈判人员在谈判开始之前对谈判主体资格进行认真审查,确保己方利益不会受损。

1.2.2 要素二——谈判客体

谈判客体是指进入谈判环节的议题、人和各种物质要素结合而成的内容。有属于资金方面的,如价格和支付条件;有属于技术方面的问题;也有属于商品本身的问题,如商品的标准、规格、数量、保险等;还有进入谈判主题的相关谈判人员。总之,涉及交易双方利益的一切问题,都可以成为谈判的议题。在一定的社会环境中,谈判的事项受到诸如法律、政策、道德等内容的制约。涉及对方人员时,我们首先需要说服对方接受我们的观点和意志。涉及的具体议题,我们需要磋商解决。

1.2.3 要素三——谈判行为

谈判行为是指谈判的主体围绕谈判事项进行的信息交流和观点磋商。我们把谈判主体看作是"谁来谈",谈判客体是指"谈什么",那么谈判行为则是指"怎样谈"。谈判行为主要包括信息交流、意见互换、谈判胜负评价标准、谈判技巧和方法、方式、策略等。

1.2.4 要素四——谈判目标

谈判的直接目标就是达成协议,间接目标可能是建立良好关系、促进长期合作等。往往谈判双方是对立的,需要不断协商。没有目标的谈判不是真正的谈判。没有目标的谈判就像行驶在大海中没有方向的帆船一样，始终无法靠岸。所以，谈判目标是谈判双方努力和奋斗的一个方向。

1.3 商务谈判的具体特征

1.3.1 商务谈判的广泛性和不确定性

我们这里讲商务谈判的广泛性和不确定性，主要是指谈判对象的广泛性和客观情况的不确定性。广泛性是指参与的商务谈判活动可能是跨国籍、跨地区的，谈判中的谈判对象因此也具有区域的广泛性；谈判客观情况的不确定性是指具体的交易可能随着竞争而发生变化。因此，在谈判中需要我们掌握市场行情，维护老客户，发展新客户，树立良好形象，提高自身的知名度和美誉度。

1.3.2 谈判双方的排他性和合作性

谈判是双方合作和冲突的对立统一，彼此具有分歧和矛盾，但同时又有共同利益，需要达成一致意见形成协议。协议至少能最低限度地被谈判双方所接受，因此，对双方来说都是有利的。为了取得利益，双方必须力求合作，彼此不合作无法实现谈判成功，因此，双方必须学会换位思考，共同解决问题，彼此做出适当让步，以便最终达成某项对双方都有利的协议，这就是谈判的合作性的一面。与此同时，双方主体都希望在谈判中获得最大利益，谈判双方的目标始终存在差异。作为买方，当然要力求买价最低；作为卖方，当然希望商品的卖价最高。双方为此而积极地进行讨价还价，这是谈判主体双方相互排斥的一面。

1.3.3 谈判的多变性和随机性

谈判中，市场环境和经济活动在不断发生变化，有可能谈判活动跟不上市场行情的脚步。市场非常敏感，谈判的形势也会有所变化的，有时有利有时不利。谈判中容易出现偶然性，把握机会，当机立断，时时做出改变。

1.3.4 谈判的公平性与不平等性

谈判双方随市场变化总有不平等、不尽人意的地方，谈判的结果多多少少让双方感觉是不平等的。但是，从另一个角度来看，只要协议是谈判双方经过磋商、交流达成的，谈判双方对结果随时都有否决权。一旦协议达成，这说明权利和机会是均等的，谈判就是公平的。

1.3.5 谈判的目的性和经济性

在商务谈判中，谈判者以获取经济利益为基本目的，在满足经济利益的前提下才会涉及其他非经济利益。一般来讲，谈判双方在其他非经济利益上的得失，在很多情况下都可以转化为经济利益来补偿。谈判者都比较注意谈判所涉及的产品的价格、技术的成本、谈判的效率和效益。所以，人们习惯以获取经济利益的多少和好坏来评价谈判活动成功与否，不讲求经济利益的商务谈判就失去了其本身的意义和价值。

1.4 商务谈判的基本方式

1.4.1 软式谈判法

软式谈判法又称让步性谈判，为维护双方合作关系，谈判者总是力图避免冲突，随时准备让步，希望达成双方满意的协议。软式谈判的基本做法：提议、让步、信任、保持友善，以及为了避免冲突而屈服于对方。

软式谈判法的基本特征：①在无声无息中强化自身立场或原则。在商务活动中，杠杆原理指的是运用自己实际拥有的资产，获得大量利益的能力。这种能力体现在商务谈判中就是当你处于逆境或谈判气氛不融洽、游戏规则不利的时候，你能够审时度势、巧妙地借用对方的观点、立场或提案，在无声无息中强化你所持有的立场或原则，以便更好地处理谈判各方分歧。②借力用力是公平的。在商务谈判中，如果对方坚持强硬的立场或原则，即使你使用温柔的态度正面反驳的话，也有可能激化对方的情绪。如果把对方强硬的立场或原则比作一种"力量"的话，你就应该借用这一力量，克"敌"制胜。软式谈判法就是运用对手的力量为己谋利的一种方法。

软式谈判法的具体运用：①寻找立场背后的本质问题。在商务谈判中，当对方强硬地坚持他的立场时，你不必立即表态，应该寻找对方立场背后的真实意图、揣摩对方所表达的原则、制订因势利导的改良方法。②主动征求对方意见。在商务谈判中，谈判各方经常将时间耗费在彼此批评对方的提案或陈述上。但是，优秀的谈判者却不是这样，他们不对对方的提案或者观点进行正面批评，而是主动征求对方对己方方案的意见。要想成为一个谈判高手，面对不愿意配合的对手，不要拒绝对方对你提出的提案或客观标准的批评，应该对对方的批评持开放欢迎的态度，并且要学会引导对手转换双方的立场来讨论问题。③有效退让的方法。在商务谈判中，你经常会遇到自恃才高、争强好胜、我行我素的对手。如果你与对方正面抗衡，结果是于事无补的。相反，你应该退避三舍，欲擒故纵，耐心倾听对方陈述，再不时地送对方几顶"高帽子"戴，以便满足对方的心理需求。一旦对方得以满足，就有可能以某种积极的态度配合你，共同促进谈判的进行。④对付人身攻击的方法。在商务谈判中，有时会遇到尴尬情形：当你的对手出言不逊，甚至出口伤害你时，你是否应该问一问原因呢？你可报之以微笑，听他宣泄完毕，或者提议休会10分钟。你利用休会时间，揣摩对方发火的原因。你可以采取冷静的方式，处理对方对你的人身攻击。这里有一个秘诀：沉默。因为你的沉默，将使对方感到不安。有时候，沉默不语反而是最巧妙的谈判方法。

1.4.2 硬式谈判法

硬式谈判法又称立场型谈判，是指谈判者在谈判开始即提出一个极端立场，只关心自己的利益，注重维护自己的立场，态度强硬，立场坚定，并极力维护、固守，只有在迫不得已的情况下，才会做出极小的让步的谈判。

硬式谈判法的最大特点表现在"硬"上面：①在观点认识上，谈判人员把发生在谈判中的任何情况都看成是一场意志力的较量。②在具体做法上，谈判人员在谈判中将注意力放在如何维护自己的立场、否定对方的立场上，迫不得已才肯做出让步。③结果会有3种可能性，a. 导致双方关系紧张，降低谈判效率；b. 很难达成协议；c. 即使达成协议，但也没有真正的胜利者。因此，在谈判中尽量不要采用硬式谈判法。

实战案例1-4

在欧洲某国监狱的牢房里，犯人通过门上那个瞭望小孔，看到走廊休息间里中午轮休的警卫正在那儿吞云吐雾。犯人凭着敏锐的嗅觉，立即断定那是他最爱抽的万宝路牌香烟。他想吸烟想疯了，于是用右手指轻轻地敲了一下门。警卫慢悠悠地踱过来，粗声叫道："干吗？"犯人答道："请给我抽一支烟吧，就是你抽的那种，万宝路牌的。"警卫没有理会犯人的请求，转身要走。犯人又用右手指敲门，这一次他的语言是命令式的。"你想干什么？"警卫从嘴里喷出一口浓烟，没好气地转过头来喊。犯人答道："劳驾你给我一支香烟，我只等30秒钟。如果得不到，我就在水泥墙上撞脑袋，直到流血昏倒为止。若我苏醒，我就发誓说是你干的。当然，他们绝不会相信我。但请你想一想吧，你得出席听证会，在听证会前，你得填写一式三份的报告，你要卷入一大堆审讯事务。你想一想吧，所有这一切就是因为不给我一支不值几文钱的万宝路香烟？只要一支，保证以后再不打搅你了。"结果不言而喻，警卫自然会从瞭望小孔里塞给他一支香烟。

在谈判中，我们如果强硬坚持自己的原则和标准，配合一定的策略方法，即使在谈判中处于不利的地位，也能化险为夷，取得谈判的成功。

1.4.3 原则性谈判法

原则性谈判法还被称作价值谈判法、满意谈判法、实质利益谈判法。最早由哈佛大学谈判研究中心提出，故又称"哈佛谈判术"。所谓原则性谈判法，是指谈判双方遵循一定准则来解决分歧意见、评价对方的立场或者观点、权衡彼此利益的准则。参与者既注重维护合作关系，尊重对方，又重视争取合理利益，既理性又富有人情味。没有规矩，不成方圆；有了规矩，贵在遵循。

原则性谈判法的基本特征：①客观准则，是解决所有分歧的准则。在商务谈判中应该遵循的客观准则，大体可以分两类：一类是具有客观性质的规则，也就是通常说的客观标准。另一类是在商务谈判实践中，人们约定俗成或经实践证明切实可行的惯例、案例、先例等，亦称游戏规则。②淡化主观意识在原则中的作用。商务谈判的无数实践证明，谈判的任何一方试图以主观意志来演绎原则，调整对立的利益，都会付出很高的代价，要尽量避免。一方的胜利，就意味着另一方的失败；一方的高兴，就意味着另一方的沮丧。在商务谈判中，你不要企图对有关惯例、案例、先例等进行主观意识的演绎，最好的解决方法就是淡化彼此对原则的破坏。在主观意识中，共同探寻或者遵循某种适宜的原则，作为双方谈判的行为准则或者形成共识的准则。③公正性特征。取多予少，是人性的一个弱点，总希望在交往中多占些便宜而少点付出。这种心态对谈判的负面影响是，要么一方得胜而归，则另一方自认吃亏；要么损害了谈判者之间的关系。能否避免出现这两种结果呢？这就需要双方共同遵循某种标准进行公正谈判。

原则性谈判法的注意事项：①坚定信心，锲而不舍。一旦你认为你选择的方法有助于实现谈判目标，就应该坚定自己的信心。②充分协商，切忌强制。如果各方都同意按照原则性谈判法进行谈判，但对选择的客观标准存在异议。无论是己方还是对方提出某种提案的标准，通常都需要对客观标准进行充分磋商。③坚持标准，富有弹性。不要试图先声夺人，不要一进入谈判就公开表示自己的原则。许多商务谈判新手在谈判一开始时，为了证实自己立场和观点的准确性，多方引用惯例、先例、案例或其他"游戏规则"，试图先声夺人。其实，这种想法和做法都是不可取的，其结果是堵塞自己的回旋余地，往往导致谈判陷入泥潭。

1.5　多变的商务谈判内容

实战案例1-5

　　X国与A国建交快30年了，两国政府为了进一步加强合作关系，准备在建交30周年时组织一些庆典活动。恰逢X国有一笔政府贷款用于A国电站建设，X国的B公司正与A国的Y公司进行电站项目的合同谈判。由于经济形势变化较大，原贷款额不够，A国组织了一个由政府官员和Y公司代表组成的谈判组到X国首都与X国的B公司进行谈判。

　　从上述案例中，我们可以看出该案例属于国际商务谈判，又属于非商品贸易谈判。案例中牵涉的人或事相对复杂，如何组织好该次谈判是重中之重的工作。按照不同标准，对谈判有不同分类。

1.5.1　按照地区不同可分为国内商务谈判及国际商务谈判

　　（1）国内商务谈判　国内商务谈判是指国内各经济组织、个人之间进行的谈判。处于相同的文化背景，避免了文化背景而产生的差异，谈判的主要问题在于调整双方不同的利益，寻找共同点。

　　国内商务谈判的主要类型有商品购销、商品运输、仓储保管、经营承包、借款、财产保险等。

　　（2）国际商务谈判　国际商务谈判是指本国政府及各种经济组织之间与外国政府及各种经济组织之间所进行的商务谈判。

　　国际商务谈判的注意事项：①首要的问题就是语言的差异。谈判中如果一方不能准确理解另一方表达的含义和内容，就会造成误会，产生分歧，影响谈判的进程。谈判开始前，需要明确使用哪一国语言。必须拥有优秀的翻译人员，如果谈判人员精通对方国家的语言是最有利的条件。②个人偏见和成见在所难免。因不同文化形成的不同观念对谈判的影响更为深远，如西方国家时间观念强；日本人注重集体智慧，谈判中尽量不表现自己，十分维护集体利益；德国人古板，力求完美。③价值观念不同。谈判中有些人满足于获得对方让步，有的人则满足于获得对方的尊重。在国际商务谈判中，我们要尽量避免用己方的想法、意愿去推测对方的意图，要尽可能在谈判前去收集资料，了解对方行为特点、生活方式、谈判风格，做到胸有成竹，应充分体谅和尊重对方的行为。④谈判内容的广泛性。由于交易的货物可能涉及两个以上国家，因此谈判的内容一般比较广泛，包括数量、价格、质量、运输等常规问题，还有讨论双边贸易问题，包括贸易保护法案例、禁运条款、进出口关税、许可证等。⑤心理障碍问题。不同背景必将导致人们的行为差异产生心理反射。在国际商务谈判中，要克服谈判人员的心理障碍，加强对谈判人员的心理训练，提高其心理承受能力。

国际商务谈判的主要类型有国际产品贸易、补偿贸易、各种加工与装配贸易、现汇贸易、技术贸易、劳务合作等。通过下面案例我们来加深了解国际商务谈判活动。

实战案例1-6

20世纪80年代，我国民航部门从英国购进斯贝发动机，使用至90年代末期。由于发动机故障频繁，航班被迫取消，发动机被送进维修厂，严重的甚至送到生产地英国。负责在英国监督检修的我国民航女工程师在与英方人员相处的日子里，发现大批发动机故障是由于设计缺陷所造成的，所以，她正式代表中国民航向英国航空发动机制造公司提出索赔要求。索赔提出后，双方关系冷漠，气氛十分紧张，谈判中英国人失去风度大叫大嚷，竟然还不辞而别。为此，我方基于以下理由指责对方：第一，英国人将未改进的发动机卖给中方；第二，设计缺陷为什么在履历本上没有明确说明；第三，英国人态度傲慢、素质低下、毫无诚意。于是，我方要求英方给予合理答复、重启谈判。经过数次交锋，我方据理力争，让英国人终于理屈词穷并赔礼道歉，一次性赔偿损失费314万美元。

资料来源：孙庆和. 实用商务谈判大全. 北京：企业管理出版社，2000.

上述案例告诉我们，国际商务谈判往往稍显复杂，除了语言障碍外，还存在着文化、价值观等差异，对谈判人员的技术能力、心理素质等都要求较高，因此，国际商务谈判的难度相对较大。案例中的中方谈判人员顶住压力、不屈不挠、锲而不舍的谈判风格是非常值得我们学习的。

1.5.2 按照谈判内容不同可分为商品贸易谈判与非商品贸易谈判

商品贸易谈判又分为农副产品谈判、工矿产品谈判等；非商品贸易谈判包括工程贸易谈判、技术贸易谈判、资金谈判等。工程贸易谈判一般比较复杂，其涉及使用方、设计方、承建方等多方谈判工作；技术贸易谈判主要包括技术设备名称、型号、规格、性能、质量保证、培训、生产验收、价格、税收、仲裁、索赔内容的协商等；资金谈判主要包括商讨货币、利率、还款、保证条件、违约责任等内容的谈判。

1.5.3 按照谈判人员数量不同可分为一对一谈判、小组谈判、大型谈判

根据参加谈判的利益主体的数量,可以把商务谈判划分为一对一谈判、小组谈判、大型谈判。一对一谈判是只有两个利益主体参加的谈判,小组谈判、大型谈判则是指有两个以上的利益主体参加的谈判。在这里,利益主体实际上就是指谈判行为主体,可以是自然人,也可以是法人组织。

任何一项谈判都必须至少有两个谈判方,当然,在某些情况下也完全可以多于两方。但无论谈判是一对一,还是小组或多方参与,谈判各方都必然存在着特定的利益关系。一般而言,小组谈判、大型谈判的利益关系比较明确、具体,彼此之间的协调比较容易。一对一谈判则难度最大,各自为战,得不到帮助,适用于有主见、决策力强、判断力强的人;不适合性格脆弱、优柔寡断的人。

实战案例1-7

日本松下电器公司创始人松下幸之助先生刚"出道"时,曾在一次一对一的谈判活动中被对手以寒暄的形式探测出了自己的底细,因而使己方大受损失。那次,他只身一人第一次到东京找批发商进行谈判,刚一见面,批发商就友善地对他寒暄道:"这是我们第一次打交道吧?以前我好像没见过你。"批发商想用寒暄托词,来探测对手究竟是生意场上的老手还是新手。松下先生缺乏经验,恭敬地回答:"我是第一次来东京,什么都不懂,请多关照。"正是这番极为平常的寒暄答复却使批发商获得了重要的信息:对方原来只是个新手。批发商问:"你打算以什么价格卖出你的产品?"松下又如实地告知对方:"我的产品每件成本是20元,我准备卖25元。"批发商了解到松下在东京人生地不熟,又暴露出急于要为产品打开销路的愿望,因此趁机杀价,"你首次来东京做生意,刚开张应该卖得更便宜些。每件20元,如何?"结果没有经验的松下先生在这次交易中吃了亏。

从案例中可以看出,一对一谈判不但要求谈判人员具有丰富的谈判经验,同时对谈判人员的判断力及决策能力都要求较高,而那些综合能力不强的人往往不太适合此法。即使后来成为谈判高手的松下幸之助也会在刚出道时遭遇"孤军奋战"的尴尬,可见一对一谈判对个人能力要求极高。

小组谈判一般需要2～8人,适用于较大的项目,分工合作取长补短,可以缩短时间,能有效提高效率;大型谈判适用于重大项目的谈判,影响国家声望、关系国计民生,因此,需要谈判班子阵营强大,拥有各种高级专家的顾问

团、咨询团和智囊团。

相比之下，小组谈判、大型谈判的利益关系则较为复杂，各方的协调要困难得多。比如在建立中外合资企业的谈判中，如果中方是一家企业，而外方也是一家企业，彼此的关系就比较容易协调。如果中方有几家企业，外方也有几家企业，谈判的难度或将明显增大。因为中方几家企业之间存在利益上的矛盾，互相要进行协商，求得一致；外方几家企业之间也存在着利益冲突，同样需要进行协商。

1.5.4 按照谈判地域不同可分为主座谈判、客座谈判、中立地谈判

根据谈判进行时所在的地点，可以将商务谈判区分为主座谈判、客座谈判和中立地谈判三种类型。主座谈判是指在本方所在地进行的谈判，作为东道主礼貌最为关键，作为谈判对手应积极思考东道主提出的要求；客座谈判是指在他方所在地进行的谈判，客座谈判需要做到入境问俗、入国问禁，还要审时度势、争取主动，化被动为主动，争取在谈判中把握主动权。客座谈判中语言也是一个不容忽视的问题，力求采用通用语言。

对于某一项谈判来说，如果谈判是在本方所在地进行，该项谈判对于该方称主座谈判，与此相对应，该项谈判对于另一方而言就称为客座谈判。所谓中立地谈判则是指在谈判双方所在地以外的其他地点进行的谈判。不同的谈判地点使谈判双方具有了不同的身份，并由此而导致了双方在谈判行为上的某些差别。如果某项谈判在某一方所在地进行，该方就是东道主，他在资料的获取、谈判时间与谈判场所的安排等各方面都将拥有一定的便利条件，就能较为有效地配置为该项谈判所需的各项资源，控制谈判的进程。对于另一方来说，他是以宾客的身份前往谈判地，己方的行为往往较多地受到东道主一方的影响，尤其是在对谈判所在地的社会文化环境缺乏了解的情况下，面临的困难就更大。当然，谈判双方有时完全不必固于身份的差异，可以采取灵活的策略和技巧来引导谈判行为的发展。但身份差异所造成的双方在谈判环境条件上的差别，毕竟是客观存在的。为了消除可能出现的不利影响，一些重要的商务谈判往往选择在中立地进行。

1.5.5 按照标的物不同可分为投资谈判、货物（劳务）买卖谈判与技术贸易谈判

根据谈判的事项所涉及的经济活动内容，可以把商务谈判划分为多种形态，其中最主要的是投资谈判、货物（劳务）买卖谈判和技术贸易谈判，其他还有租赁谈判、承包谈判等。下面就上述3种主要的谈判类型做简单的分析。

所谓的投资谈判，是指谈判双方就共同参与或涉及双方关系的某项投资活动的目的、投资的方向、投资的形式、投资的内容与条件、投资项目的经营与管理，以及投资者在投资活动中权利、义务、责任和相互之间的关系所进行的谈判。货物买卖谈判是一般商品的买卖谈判，即买卖双方就买卖货物本身的有关内容，如数量、质量、货物的转移方式和时间，买卖的价格条件与支付方式，以及交易过程中双方的权利、责任和义务等问题所进行的谈判。劳务买卖谈判是劳务买卖双方就劳务提供的形式、内容、时间、劳务的价格、计算方法和劳务费的支付方式及有关买卖双方的权利、责任、义务关系所进行的谈判。由于劳务具有明显区别于货物的特征，因此，劳务买卖谈判与一般的货物买卖谈判有所不同。技术贸易谈判是指技术的接受方（即买方）与技术的转让方（即卖方）就转让技术的形式、内容、质量规定、使用范围、价格条件、支付方式及双方在转让中的一些权利、责任、义务关系问题所进行的谈判，技术作为一种贸易客体有其特殊性，比如技术的交易过程具有延伸性，技术市场价格完全由交易双方自由议定等，因此，技术贸易谈判不仅有别于一般的货物买卖谈判，与劳务买卖谈判相比也存在一定的差异。

1.5.6　按照谈判方式不同可分为口头谈判与书面谈判

根据谈判双方接触的方式，可以将商务谈判分为口头谈判和书面谈判。口头谈判是双方的谈判人员在一起，直接进行口头的交谈协商；书面谈判则是指谈判双方不直接见面，而是通过信函、电邮等书面方式进行商谈。

口头谈判的优点主要是便于双方谈判人员交流思想感情。在谈判过程中，双方谈判人员之间保持着经常性的接触。双方不仅频繁地就有关谈判中的各个事项进行磋商，而且彼此之间的沟通往往会超出谈判的范畴，有利于谈判双方提出条件及意见，也便于谈判者察言观色，掌握心理，施展谈判技巧。在谈判以外的某些问题上取得一致的认识，进而使谈判过程融入了情感的因素。不难发现，在某些商务谈判中，有些交易条件的妥协让步就完全是出于感情上的原因。此外，面对面的口头谈判，有助于双方对谈判行为的发展变化做出准确的判断。谈判人员不仅可以通过对方的言谈，分析、把握其动机和目的，还可以通过直接观察对方的面部表情、姿态动作了解其意图，并借以审查对方的为人及交易的诚信程度，避免做出对己方不利的决策。但是，口头谈判也有其明显的不足。在一般情况下，双方都不易保持谈判立场的不可动摇性，难以拒绝对方提出的让步要求。另外，没有充分的考虑时间，对谈判者要求较高。一旦决策失误，没有回旋的余地，费用开支较大。比较适用于首次交易、同地区商务谈判、长期谈判、大宗交易、贵重商品等商务谈判。

书面谈判在双方互不谋面的情况下即可进行，借助于书面语言互相沟通，谋求彼此的协调一致。它的好处在于：在表明己方的谈判立场时，显得更为坚定有力，郑重其事；在向对方表示拒绝时，要比口头形式方便易行，双方都有充足的考虑时间，特别是在己方与对方人员建立了良好的人际关系的情况下，通过书面形式既直接表明了本方的态度，又避免了口头拒绝时可能出现的尴尬场面，同时也给对方提供了冷静分析问题、寻找应对策略的机会；在费用支出上，书面谈判也比口头谈判节省得多。书面谈判的缺点在于：不利于双方谈判人员的相互了解，并且信函、电邮等所能传递的信息是有限的，要求文字精练，如果文字词不达意，容易引起争议与纠纷；无法通过对方的语态、表情、情绪以及习惯动作来判断对方的心理活动；谈判人员仅凭借各种文字资料，难以及时、准确地对谈判中出现的各种问题做出反应，因而谈判的成功率较低。书面谈判需要保证通信条件，如出现故障容易失去交易时机。书面谈判最大的忌讳就是处理函件不及时。一般来说，书面谈判适用于那些交易条件比较规范、明确，谈判双方彼此比较了解的谈判。对一些内容比较复杂、交易条件多变，而双方又缺乏必要了解的谈判，则适宜采用口头谈判。

1.5.7 按照价值理论不同可分为传统谈判与现代式谈判

根据谈判理论、评价标准分为传统谈判与现代式谈判。传统谈判是指谈判的单方妥协与让步。谈判步骤为首先确定各自立场，进而维护自己的立场，在维护自己的立场过程中要么让步、妥协，要么就导致谈判破裂、失败。而现代式谈判则是谈判双方共同解决谈判中出现的分歧和矛盾，谈判双方彼此力求双赢。谈判步骤则是首先确定彼此需要，其次探询彼此需要，站在彼此立场设想解决途径。

实战案例1-8

有一位妈妈把一个橙子给了邻居的两个孩子。这两个孩子便讨论如何分这个橙子。两个人吵来吵去，最终达成了一致意见，由一个孩子负责切橙子，而另一个孩子先选橙子。结果，这两个孩子按照商定的办法各自取得了一半橙子，高高兴兴地拿回家去了。

第一个孩子把半个橙子拿到家，把皮剥掉扔进了垃圾桶，把果肉放到果汁机里打果汁喝。另一个孩子回到家把果肉挖掉扔进了垃圾桶，把橙子皮留下来磨碎了，混在面粉里烤蛋糕吃。

资料来源：冯华亚. 商务谈判. 北京. 清华大学出版社，2006.

从上面的情形，我们可以看出，虽然两个孩子各自拿到了看似公平的一半,然而,他们各自得到的东西却未物尽其用。这说明,他们在事先并未做好沟通,也就是说两个孩子并没有表明各自利益所在,导致双方盲目追求形式上和立场上的公平,结果,双方各自的利益并未在谈判中达到最大化。

1.6 复杂的商务谈判内容

商务谈判的类型很多,不同类型的商务谈判的内容又有很多差别。我们就比较常见的三种商务谈判类型(商品贸易谈判、技术贸易谈判、劳务合作谈判)来展开说明商务谈判的内容。

1.6.1 商品贸易谈判的内容

(1)品质 商品的品质是指商品的内在质量和外观形态。它们由商品的自然属性决定,具体表现为商品的化学成分、物理性能、外在造型、结构、色泽、味道等特征。不同类产品有不同的品质表示方法。常用的方法有如下几种:

① 规格。商品的规格是反映商品品质的技术指标,如成分、含量、维度、大小、长短、粗细等方面的指标。由于各种商品的品质特征的差异,规格也有所不同。如果谈判双方以规格来表示商品品质,并作为商品谈判条件,就叫作"凭规格买卖"。一般来讲,凭规格买卖是比较准确的,在平时的商品交易活动中,大多采用这种方法。

② 等级。商品的等级,是同类商品规格的差异的分类。根据生产和商务的实践,通常用一、二、三或甲、乙、丙或大、中、小等数字、文字、符号来区分,以反映同类商品的差异。

③ 标准。标准分为政府机关和有关团体统一制定的规格和等级。

④ 商标。特指商品的标记,如手表有百达翡丽、浪琴、欧米茄、劳力士、帝陀、西铁城等国外知名商标。

(2)商品数量 商品交易的数量是商务谈判的主要内容。成交商品数量多少,不仅关系到卖方的销售计划和买方的采购计划是否能完成,而且与商品的价格有关。确定买卖商品的数量,首先要根据商品的性质明确计量单位,掌握好度量衡换算关系。在商务谈判中最容易引起争议的是商品的重量,对商品重量的计量方法一定要明确。常用的重量计算方法有毛重和净重两种,这些计量方法一定要明确。

(3)包装 在商品交易中,除了裸装货、散装货,一般的商品都需要包装。包装分为运输包装和消费包装。商品是否需要包装,需要采用何种包装,主要取决于商品的特点和买方的客观要求。对于商品的包装,谈判双方需要明确包装的种类、材料、规格、技术、供应方法、包装费用。

（4）价格　商品价格是商务谈判中最重要的内容，它的高低直接影响到贸易双方的经济利益。商品价格是否合理是决定商务谈判成败的重要条件。商品价格的构成一般受商品成本、商品质量、成交数量、供求关系、竞争条件、运输方式、价格政策等多种因素的影响。谈判人员一般需要货比三家来确定合理价格。需要注意的是，数量的多少是讨价还价的筹码，此外还有市场供求关系，还需要考虑生命周期、市场购买力等。一般来讲，合同期内交货，无论市场有无变动，仍按合同执行。如果过期交货，市价上涨则按合同执行，市价若下跌则按下跌价执行。

（5）运输　在合同中，对商品的装运和交接问题做出明确的规定，可以维护双方的利益。考虑到运输方式、运输费用、装运时间和地点、交货时间和地点的差异，那么必须根据商品特点及买卖双方的客观需要，在谈判中明确以上运输相关内容。

（6）保险　保险是指以投保人交纳的保险费集中组成保险基金用来补偿因意外事故和自然灾害所造成的经济损失，或个人因死亡、伤残给予物质补偿的一种方式。被保险的货物若在运输过程中遭受自然灾害或意外事故造成经济损失，则保险人负责对保险险别责任范围内的损失，按保险金额及损失程度赔偿保险利益人。法律上没有明文规定保险责任由谁来承担，所以必须要通过谈判来确定。在国内贸易谈判中，谈判人员可以根据实际情况，把保险条件与交货地点联系起来考虑，即如果在卖方所在地交货，则可由买方办理运输保险；如果在买方所在地交货，可由卖方办理运输保险。无论是何方办理保险，都应将保险费用计入经营成本。在国际贸易中，商品价格条款中的价格术语确定后，也会明确双方的保险责任。对同类商品，各国在保险的险别、投保方式、投保金额的通用做法，或对商品保险方面的特殊要求和规定，双方必须加以明确。

（7）货款结算及支付　在商品贸易中，货款的结算和支付是一个重要问题，直接关系到谈判双方的利益，影响双方的生存与发展。在商务谈判中应注意货款结算支付的方式、期限、地点等。国内贸易货款结算方式一般包括现金和转账结算（汇款、支票结算、信用证）两种方式。现金结算就是一手交钱一手交货，直接以现金支付货款的结算方式；转账结算是通过银行在双方账户上划拨的非现金结算，主要有先供货后付款、先付款后供货两种方式。

（8）商品检验　商品检验是对交易商品的品种、数量、质量、包装等项目按照合同规定的标准进行检查和鉴定。通过检验需要有关检验部门出具相关证明，作为买卖双方的成交依据。商品检验主要包括商品检验机构、检验内容、检验证书、检验时间、检验地点、检验方法、检验标准、检验费用。

（9）索赔仲裁与不可抗力　在商品交易中，买卖双方通常会因彼此的权利和义务引起争议，并因此引起索赔、仲裁等情况的发生。为了使争议得到顺利处理，买卖双方在洽谈交易中，对由争议提出的索赔和解决争议的仲裁方式，事先应进行充分商谈，并做出明确的规定。此外，对于不可抗力及其对合同履行的影响结果等，也要做出规定。

1.6.2　技术贸易谈判内容

技术贸易谈判是以技术引进、转让或者有偿使用为中心的贸易谈判。技术作为交易的商品，成为贸易谈判中越来越重要的内容，主要有专利、专利技术、技术服务、工程服务、商标、专营权等。技术贸易谈判包括上述技术商品的引进与转让。谈判中涉及的主要内容包括：技术类别、名称、规格，即技术的标的；技术经济要求；转让期限；交换形式，包括所有权的转让和使用权的许可两个方面；技术贸易的计价和结算方式；责任和义务等。

1.6.3　劳务合作谈判内容

劳务合作谈判是指向某些国家或地区输出劳务人员进行建设和工作的服务项目谈判。目前，劳务合作谈判主要形式有国际工程承包、劳务输出。劳务合作谈判主要内容包括劳务的层次、数量、素质、职业、劳动地点、时间、条件、劳动报酬。劳务层次是指学历、知识、经验、职业要求；劳务数量是指劳动者人数；劳务素质是指智力和体力的总和，而职业、工种是指对国民经济行业分类所形成的13个行业；劳动地点、时间、条件是指劳动者主要考虑离家远近、交通状况，结合劳动时间、劳动条件等选择工作；而劳动报酬、工资福利、劳动保险是双方磋商的核心问题。劳务合作作为经济合作的重要组成部分，已经得到了国内外的普遍关注和重视。自20世纪70年代以来，国际劳务合作高速发展，市场竞争十分激烈。

1.7　商务谈判中的制胜原则

实战案例1-9

有这样一个简单的案例，一名顾客来购买盘子，他向老板问道："这个铜盘子多少钱？"

精明的老板回答："你的眼光不错，75块。"

顾客："别逗了，这儿还有块压伤呢，便宜点。"

老板:"出个实价吧。"

顾客:"我出15块钱,行就行,不行拉倒。"

老板:"15块,简直是开玩笑。"

顾客做出让步:"那好,我出20块,75块钱我绝对不买。"

老板:"小姐,你真够厉害,60块钱马上拿走。"

顾客又开出了25块,老板说进价也比25块高。顾客最后说37.5块,再高她就走人了。老板让顾客看看上面的图案,说这个盘子明年可能就成为古董等等。

资料来源:易开刚. 现代沟通学. 上海:上海财经大学出版社,2008.

本案例给出的情景需要我们思考这属于何种商务谈判,还要尝试分析顾客和老板的让步过程,从中找到谈判成功的因素。

在了解商务谈判的基本概念和内容的基础上,为了更好地实施商务谈判,还必须把握商务谈判的基本原则。商务谈判原则是谈判的指导思想、基本准则。它确定了谈判者在谈判过程中将采用什么样的谈判策略和技巧,以及怎样运用技巧来获得谈判的成功。这些原则都是在长期谈判实践中获得的经验积累,应该为商务谈判者所重视。

1.7.1 合作原则

商务谈判是企业开展经营活动与市场竞争的重要手段。参与谈判的人员并非是完全竞争者与敌对者,而是合作者。我们从以下两方面来认识这个问题。

① 谈判是为了满足需要,建立和改善关系,是一个协调行为的过程,这就要求双方需要配合和合作。

② 谈判不是纯粹的比赛或者战斗,如果双方只能对立,千方百计地想压倒对方,以达到自己的目的,这样做的最终结果往往是破裂。

1.7.2 互惠互利原则

在商务活动中,双方是为了满足各自需要才坐在一起进行磋商的。如果没有共同利益的驱使,就不可能有真正意义上的谈判,为此,双方都必须换位思考彼此的利益共性。在同一事物的利益上不一定是完全矛盾的,而是此消彼长的关系。谈判如果只有利于一方,不利方就会退出谈判,谈判的胜利方就不复存在。只要一方发现不能得到某些预期的目标,就会停止谈判,或者得到的比失去的多,也不会愿意再继续谈判下去,所以,商务谈判双方都必须做好各项准备,在平等的基础上,满足对方的某些要求。不仅自己要遵循这一原则,而且也要让谈判对手知道这一原则。

实战案例1-10

一位女顾客的视力不太好，她所使用手表的长短指针必须分得非常清楚才行。可是，这种手表非常难找，她费尽周折，总算在一家名表店发现了一块她能看得很清楚的手表。但是，这块手表的外观实在是太难看了，很可能是因这个原因，手表一直卖不出去。2000元的定价似乎也贵了点。

顾客："2000元似乎太贵了。"

经理："这个价格是非常合理的，这块手表精确到一个月只差几秒钟而已。"

顾客："时间太精确的表对我来讲并不重要。你看我现在这块表，800块钱的表已经使用10年了，这块表一直是很好用的。"

经理："哦，经过10年了，以您的身份应该戴块更名贵的手表了。"

顾客："可是价格有些贵了。"

经理："您是不是希望看手表时更清楚些？"

顾客："是的。"

经理："这是我见过看得最清楚的一块手表。这样吧，1680元，便宜一点，数字也吉利。"

顾客："好吧，就这样吧。"

案例中，经理非常委婉、含蓄地表达价格合理，证明该表物超所值，最后又做出合理让步，完全满足女顾客的购买心理。这是一次既互惠也互利的成功交易。

1.7.3 利益至上原则

谈判过程中，我们可能会遇到各种困难及自身立场问题。人们持有某种立场就是为了争取获得所期望的利益，立场的对立无疑来自于利益的冲突。在商务谈判中，彼此立场相互对立，完全可以通过合作来消除矛盾，也就是立场必须服从利益，实现利益至上，集中注意力于利益上而不是所谓的立场或面子。有这样一个案例：两个人在图书馆发生争执，一个要关窗户，一个要开窗户，他们斤斤计较窗户开大开小。工作人员了解情况以后，一个说要开窗户保持空气流通，一个说不要把纸吹乱了。工作人员就把旁边屋子的窗户打开。案例中表述的其实是一个非常简单的问题，但双方之间互不相让，使双方矛盾加剧，结果不得不请工作人员出面解决。在商务谈判活动中，为了做到利益至上，我们应注意如下几点：

① 立场上讨价还价违背谈判基本原则。谈判中利益是目标。立场是由利益派生而出的，是为利益服务的。

② 坚持立场容易破坏气氛，谈判就变成意志的较量。

③ 坚持立场容易导致不明智的协议。产生矛盾后双方很少考虑对方的利益，容易偏离利益目标。

1.7.4 对事不对人原则

商务谈判所涉及的是有关双方利益的事务，而不是谈判者本身，所以对事应是强硬的，坚持原则；而对人应该是友好的，温和的，关系融洽。在谈判过程中，当双方互不理解，出现争执，以及因人论事时，想解决问题达成协议是极其困难的。因为谈判者是有血有肉、有情绪、有脾气、有自我价值观的人。所以，在谈判中，双方要建立起一种良好互信、诚实友好、理解尊重的和谐气氛，区分人与事的问题，做到就事论事。

1.7.5 求同存异原则

商务谈判既然是作为谋求一致意见而进行的协商，必然存在利益上的"同"与"异"。求同原则就是要求谈判双方首先要立足于共同利益，在总体上、原则上必须一致，不要纠缠细枝末节和立场的分歧，应使谈判的各方都尽量感到满意。存异原则要求谈判各方承认彼此的分歧，必须为整体利益做出适当让步，容许与自己的要求不一致的对方存在于谈判之中。求同存异原则是商务谈判中营造良好气氛、协调关系的关键，历来也是谈判高手拥有的智慧。

1.7.6 坚持使用客观标准原则

在商务谈判中，当谈判双方之间产生矛盾和分歧时，有些谈判者往往持强硬态度，试图迫使对方不断让步；有些谈判者则过分突出感情的因素，在对方的压力面前不断退让。这些分歧的产生多半是由于各自坚持不同的标准。双方在客观标准的基础上，才能尽快达成一致。选择的客观标准应是独立于意志之外的切实可用的标准，并且双方是可以认可和接受的，如市场行情、专业标准、道德准则、价格指数等。只有这样才能有效消除和调和彼此的分歧，达成协议。

1.7.7 遵纪守法原则

一切商务活动的宗旨是合法盈利，因此，任何谈判都是在一定的法律约束下进行的，谈判必须遵循遵纪守法原则。遵纪守法原则，是指谈判及其合同的签订必须遵守相关的法律法规。对于国际谈判，应当遵守国际法及尊重谈判对手所在国家的有关规定。所谓遵纪守法，主要体现在四个方面：谈判主体必须遵纪守法；交易项目必须遵纪守法；谈判过程中的行为必须遵纪守法；签订的合同必须遵纪守法。比如：广告法要求广告内容应当真实、合法，不得损害消费者的身心健康，符合社会主义精神文明要求。广告商与厂商进行广告业务的谈判时，首先要求符合法律规定。如果将非法广告发布出去，双方的自然人、法人、相关单位都要受到严厉的处罚。

1.8 商务谈判的"三大"价值评价标准

什么样的谈判才是成功的谈判呢？是不是实现了己方利益最大化的谈判就是最成功的谈判？我们先来看下面一个实例。

实战案例1-11

三源公司的经营已连续两年亏损，目前财务状况资不抵债，最大债主是荣欣公司。全公司所剩资产正好相当于对荣欣公司的负债，债务利息更无着落，为此两家公司进行了多次谈判，仍无解决办法。最近，三源公司进行了改组，新任总经理决心改变经营方向。他们与生化研究所联系，提出对研究所的一些实用性强的研究专利进行生产开发。但研究所对这些专利索价800万元，这是三源公司难以承受的。况且正式开展生产，三源公司还缺少一笔估计为100万元的启动资金。

新任总经理召开领导班子会议，研究分析"二企一所"之间的关系与各自的需要。三源公司要还债、要起死回生改变经营方向，需要资金，包括购买专利的资金和启动资金；荣欣公司要讨还债款和利息；生化研究所要出让专利。经过详细的探讨，在这个会议上形成了一个既满足自身需要又满足对方需要的计划。

新任总经理首先与生化研究所谈判，诚恳说明己方的开发计划和能力，希望对方能以500万元的价格出让专利，并以参股形式将此笔款项作为投资。显然，研究专利关在研究所里是不会产生效益的。对研究所来说，以专利做投资可以获得长期稳定的收益，是一种有吸引力的理想方式，但500万元的代价偏低了。经过磋商，谈定专利的价值为620万元。接着三源公司又找荣欣公司谈判，把总经理的计划及与生化研究所的谈判做了详细介绍，着重说明新的经营方向的美好前景，提出延期偿还债务，同时为实现此项生产，再向荣欣公司增借100万元启动资金，希望能得到荣欣公司的理解和支持。事实上，如果一定要三源公司立刻偿清以前的债务，那三源公司只好倒闭，其资产的账面价值虽与债务数额相当，但若通过拍卖将这些资产变现，可能还不足以抵偿债务700万元，而生化专利项目的发展前景确实被看好，研究所也以入股方式做了投资，荣欣公司经过对风险和收益的认真调查，终于同意了三源公司的计划。他们与三源公司详细研究了启动所需的资金，经过又一轮磋商，确定新增贷款100万元。至此谈判取得了圆满成功，这是一个漂亮的、三赢的结局。

上述案例中，体现出商务谈判以经济利益为目的这一特性。以经济利益为核心，但并不等于说能够取得最大经济利益。在进行谈判之前，明确谈判的目标，合理把握评价谈判成败的标准，对于最终顺利地实现谈判目标，有着十分重要的意义。

商务谈判的成败，最关键的是要看谈判结束后各方面的结果是否对企业目前和未来的发展有利。从这一角度出发，谈判人员的眼光不能局限于经济利益，特别是短期的经济利益，而必须要善于从长远和全局的观点看问题；不能仅仅看通过努力所取得的成果的大小，还必须要看为取得这一成绩所付出的成本的大小。一般说来，可以从以下3个标准来评价谈判成功与否。

1.8.1 标准一——谈判目标实现的程度

谈判是一种具有很强目的性的活动，如商品买卖谈判中卖方的主要目的是以理想的价格和支付条件销售一定数量的产品，或是与特定买主之间建立长期稳定的合作关系；而买方的主要目的则是以较为低廉的价格和支付条件购买一定数量的产品，或是与特定卖主之间建立较为稳定的供货关系。评价谈判的成败，首先就是要看是否实现了这些最基本的目的。

1.8.2 标准二——所付出的成本的大小

谈判过程是一个"给"与"取"兼而有之的过程。为了达到自身的目的，获取企业所希望获取的利益，通常就需要向对方提供一些既定的利益，需要付出一定的成本代价，即为获取所得而向对方所提供的直接利益及其风险的大小。如一个拥有较高知名度的企业为获得进入某一地区或国家市场的机会而与当地的某一企业合作，其所获得的是当地企业将协助其建立销售网络，所付出的则是允许该企业在一定期限内使用知名品牌。如果该企业在与当地企业订立协议时，没有当地企业使用知名品牌的限制措施，如对商品质量的监督、销售数量乃至地区的控制，则该企业为获得对方在建立渠道方面的合作所付出的成本就可能太高，会承受很大的风险。

机会成本是在评价谈判成败时应当考虑的另一项成本。企业与特定对手谈判合作，就可能失去了与另一些企业合作的机会，而与那些企业合作也许能为企业带来更为理想的合作效果；在决定与某一企业在某一领域合作后，企业同样也就可能失去了利用其有限的资源在其他投资领域谋取较好的经济利益的机会。所有这些机会损失都构成企业利用与某一对象谈判合作谋取一定利益的机会成本，必须在做出谈判决策时予以考虑。一项成功的谈判应当能为企业把握住最好的商业机会创造条件。

1.8.3　标准三——双方关系改善的程度

成功的谈判应当有助于维持或改善企业与谈判对手之间的关系，有助于树立良好的企业形象。在现代市场经济环境下，越来越多的企业决策者认识到树立良好的企业形象、建立与合作伙伴之间的良好关系的重要性。谈判者在谈判桌上所树立的形象是企业形象的一个重要组成部分。双方之间在一次谈判中所形成的关系状况将直接影响到相互之间在未来的合作。在企业的产品市场或原材料来源较为集中，仅限于几个对象的情况下，通过谈判建立良好的关系就具有特别重要的价值。即便是双方将来不太可能再度合作，但在许多企业都较为注重了解潜在的合作对象以往的谈判行为的情况下，树立良好的形象，仍具有一定的价值，可能为企业带来新的合作机会。有鉴于此，在一般情况下，一项成功的谈判在以较低的成本实现谈判目标的同时，应当能够促进双方之间合作关系的改善，树立良好的谈判形象，至少应当能够维持双方之间原有的合作关系。

1.9　商务谈判的"五个"作用

商务谈判进行得如何，取得怎样的结果，对人们的未来生活和工作可能会产生十分重大的影响。谈判的过程及其结果直接关系到当事各方的有关利益能否得到满足，关系到决策各方的未来关系，关系到有关各方在未来相当长的时期内的活动环境。一次成功的商务谈判可能帮助企业化解重大危机，一场失败的谈判则可能将企业为开拓一个新的市场所付出的若干努力付之东流。商务谈判的具体作用有如下几方面：

（1）传递信息，沟通情报　谈判人员是公司的桥梁，谈判使沟通成为现实。在全部的控制过程中，谈判的双方都会得到诸如产品设计、质量、竞争以及市场占有率等方面的资料。

（2）沟通的保障，开拓市场的主要方法　谈判的首要任务是销售产品，沟通的成功与失败完全依赖于产品条件及谈判技巧。企业发展壮大需要开拓市场，企业不仅要维护老客户，还要开发新客户。

（3）维护和发展业务关系，维护企业形象的重要手段　长期的买卖与合作关系对双方都是有利的。不能单纯依赖老路线和老客户沟通，产品好的出路，需要谈判者发展新的业务。

（4）谈判是复杂技术和设备工程交易的需要　从营销战略的角度来讲，

除了常规产品的销售之外，企业间购进技术、工程设备等非常规性产品是必需谈判的。

（5）克服传统的定价方式　从商品经营的角度来说，企业都需要固定不变的价目表。部分企业已经愿意讨论定价问题，也经常愿意以选择定价的方式提供额外的服务来给对方优惠，这种定价方法最终是需要谈判来实现的。

本章回顾

本章通过案例着重介绍了商务谈判的概念、特征、原则、不同商务谈判的类型和内容，以及商务谈判的国际惯例。通过对本章的学习，使读者能够理解商务谈判的概念，准确把握商务谈判的主要特点，理解商务谈判的内容，了解商务谈判的原则，并使读者能够区分商务谈判的类型，能够比较各种商务谈判的原则及内容的不同，明白商务谈判在营销、管理工作中的重要性。

实战演练1

演练目标

信息的收集包括对自身情况的分析，了解自己的性格是否适合做商务谈判工作。

情景测试题

1. 当你正要准备去上班时，你的一个朋友打来电话，让你帮助他解决心中的苦闷，你怎么办？（　　）

　A. 耐心地听，宁可迟到

　B. 在电话中埋怨

　C. 告诉他迟到要受到批评，可能还要被扣钱

　D. 向他解释上班要迟到了，不过答应他午饭时间会给他打电话

2. 星期天，你忙了一整天把房间打扫干净，你父母一回家就问晚饭有没有准备好，你怎么办？（　　）

　A. 虽然你想出去吃饭，但是仍然勉强做了一顿饭，然后责怪父母不体谅人

　B. 保持沉默

　C. 生气以至于当晚不吃饭

D. 告诉父母自己很疲倦，建议到外面吃饭
3. 你在餐厅里要了一份盒饭，菜做得太咸，你怎么办？（　　）
A. 向同桌的人发牢骚
B. 破口大骂，粗鲁地责备厨师无用
C. 默默地吃下去，然后把碗筷弄得乱七八糟
D. 平静地告诉服务员，然后吃下去
4. 和你同住同吃的好朋友说你最近胖了，你怎么办？（　　）
A. 偏偏吃得更多
B. 回敬她（他）几句，不要多管闲事
C. 告诉她（他）如果少买些鸡蛋、肉，你就不会增肥了
D. 你自己也有同感，希望她（他）帮助你一起节食
5. 一位热情的售货员为了让你买到满意的东西，向你介绍了所有的产品，结果你都不满意，你怎么办？（　　）
A. 买一件你不想要的东西
B. 粗鲁地说这些产品质量不好
C. 向他道歉，说是给朋友买东西，不能够买朋友不喜欢的东西
D. 说一声"谢谢"，然后离去
6. 被人喜欢对你来说是否重要？（　　）
A. 无所谓　　　B. 不重要　　　C. 一般　　　D. 重要
7. 你是否相信商务谈判时别人告诉你的话？（　　）
A. 不　　　B. 一般怀疑　　　C. 大概相信　　　D. 非常相信
8. 是否先准备好相关材料再进行商务谈判？（　　）
A. 没有　　　B. 有时　　　C. 时常　　　D. 每次
9. 你面对直接的冲突有何感觉？（　　）
A. 直接发火　　　　　　　　B. 非常不舒服，但忍住脾气
C. 气得一言不发　　　　　　D. 有些不喜欢，但仍然面对它
10. 你与一家外地公司进行产品代理谈判，该谈判已陷入僵局数天，你发觉双方都一直在维护既有的立场，此时该怎么办？（　　）
A. 等候对手提出新方案　　　B. 稍作退让以打破僵局
C. 改变谈判的主题　　　　　D. 提议休会

第2章
商务谈判的高效管理

商务谈判是世界上最常见的商业活动之一，在日常的买卖交易、企业兼并、技术引进乃至各种商业冲突中，人们都可能采取谈判的手段来解决问题，所以从某种意义上说，商业谈判就是在谈判双方之间进行的情报博弈。在这场博弈中起重要作用的因素不仅仅有谈判者的口才、素质、公司的实力地位，更重要的是各自所掌握的相关情报。被称为"全世界最佳谈判手"的霍伯·柯恩曾经说过："做到知己，许多人认为很容易。其实不然，了解自己并不比了解对手轻松。"俗话说"当局者迷"，人们一般会过高或者过低地评估自己的实力。因此，评估自己的时候要慎重。

对谈判活动的有效组织和管理，将会放大个人的力量，并且形成一种新的力量，这就是组织的总体效应。组织力量的来源，一方面是组织成员的个人素质和能力，另一方面是组织成员之间的协同能力。学习本章内容能有效把握商务谈判人员的选择技巧、提高个人对团队的管理能力，以及信息的搜集方法，加强对谈判的管理，了解商务谈判策略的运用。

2.1　谈判人员的最佳数量

通常一个正规的谈判班子的人数要超过一个人，由首席代表和陪谈人员组成。俗话说"三个臭皮匠，胜过诸葛亮""一个人一条虫，齐心协力是一条龙"，因此，谈判班子应超过一人，但不是越多越好，日本商人是崇尚集体智慧的典型代表。谈判班子人数的多少没有统一的标准，谈判的具体内容、性质、规模以及谈判人员的知识、经验、能力不同，谈判班子的规模就不同。实践表明，直接上谈判桌的人不能太多。国内外谈判专家普遍认为，一个谈判班子的合理规模以4人左右为宜，此时谈判班子的工作效率高，具有最佳的管理幅度，满足谈判所需的知识范围，便于谈判班子成员的调换。

2.2　谈判人员需具备的基本素质

谈判人员选择的关键在于要发现并任用那些具备基本的能力，能够并且愿意完成谈判任务的人员。对理想的谈判者的要求通常包括多个方面。艾克尔在《国家如何进行谈判》一书中提出的"完美无缺的谈判者的标准"，几乎包括了人类的一切美德。根据外交规范，一个完美无缺的谈判家，应该心智机敏，而且具有无限的耐心；能巧言掩饰，但不欺诈行骗；能取信于人，而不轻信他人；能谦恭节制，但又刚毅果敢；能施展魅力，而不为他人所惑；能拥巨富、藏娇妻，而不为钱财和女色所动。在现实的商务活动中，几乎很难找到类似的"完美无缺"的谈判者。但一个优秀的商务谈判人员至少应符合以下几个基本的素质要求。

2.2.1 有良好的心理与思想素质

谈判是各方之间在精力和智力上的对抗，对抗的环境在不断变化，对方行为带有很大的不确定性。要在这种对抗中实现预定目标，谈判人员必须具有良好的心理素质。

（1）谈判人员应遵纪守法　有些谈判人员不能抵御对方变化多端的攻击方法。为了个人私欲损公肥私，通过向对手透露情报，甚至与外商合作谋划等方式，使国家、企业蒙受损失，因此，谈判人员的思想素质应过硬，不应考虑个人得失，要发扬献身精神。

（2）要有顽强的意志力和心理协调力　谈判的艰巨性不亚于任何其他事业。谈判桌上枯燥乏味，无论是在高潮或低潮阶段，我们都要心平如镜。古往今来，很多政治家、军事家都以"戒躁、制怒、留静、贵虚"作为提高自我修养的方法。

（3）良好的职业道德　不同社会通常有不同的道德标准、价值观念，同一社会不同人群的道德标准往往也有一定的差别。但就商务活动来说，无论处于怎样的社会，一个理想的谈判者都必须要遵守基本的商业道德规范、诚实待人，能够正确处理公司与个人之间的利益关系。作为企业的代表，在谈判过程中，应当积极谋求符合企业利益的目标的实现，而不是谋求个人利益目标。

实战案例2-1

沃尔斯特里特公司的男鞋业务员去拜访他的一个销售商。在双方磋商过程中，这位商人抱怨说："知道吗？最近两个月，我们订货的发送情况简直糟透了。"这一抱怨对于公司的业务员来说无疑是一个巨大的威胁，谈判有陷入僵局的危险。

业务员的回答很肯定："是的，我知道是这样，不过我可以向您保证，这个问题很快就能解决。您知道，我们只是个小型鞋厂，所以，当几个月前生意萧条并有9万双鞋的存货时，老板就关闭了工厂。如果您订的货不够多，在工厂重新开工和有新鞋出厂之前，就可能缺货。最糟糕的是，老板发现由于关闭工厂他损失了不少生产能手，这些人都去别处干活了，所以，在生意好转之后，他一直难以让工厂重新运转。他现在知道了，过早停工是错误的，但我相信我们老板是不会把现在赚到的钱存起来而不投入生产的。"

那商人一听就笑了，说："我得感谢您，您让我在一个星期之内头一次听到了如此坦率的回答。我的下属们会告诉你，我们本周一直在与一个购物中心谈判租赁柜台的事，但他们满嘴瞎话，使我们厌烦透了。谢谢您给我们带来了新鲜空气。"不用说，这个业务员用他的诚恳态度赢得了客户的极大信任。他不但做成了这笔生意，还为以后的生意打下了良好的基础。

这是一个关系营销的时代，生意的往来越来越多地建立在人际关系的基础上，人们总是愿意和他所熟识和信任的人做买卖。而获得信任的最重要的途径就是需要具有良好的职业道德，需待人诚恳。在商务谈判出现僵局的时候，如果谈判者能从谈判对手的角度着眼考虑问题，急人之所急，想人之所想，对谈判对手坦诚以待，对方也必然会做出相应的让步，僵持不下的局面也就随之消失。

（4）充满信心、沉着应战　充满信心，就是要求谈判者相信自己的实力，相信自己具有说服对方的能力。没有自信心，没有面对压力和挫折而坚持不懈努力的信心和毅力，就难以取得谈判的成功。利益差异决定了绝大多数谈判都需经过多个回合的反复磋商才能达成协议，必胜的信念是促使谈判者在不利的条件下坚定地走向胜利的重要保证。自信必须建立在充分占有材料的基础上，必须建立在对谈判双方实力科学分析的基础上，否则自信就是盲目的自信、危险的自信。此外，值得指出的是，自信不是唯我独尊，缺乏自信心，不能坚持正确的观点是错误的、盲目的自信，坚持明显错误的观点必定使谈判最终失败。因此，谈判者的自信还应包括及时改变自己的不正确决定的能力。

处变不惊、含而不露也是一个优秀的谈判者所应具备的素质之一。面对复杂多变的形势，谈判者既要善于"以变应变"，根据谈判情形的变化修正自己的目标和策略，又要善于"以不变应万变"，沉着冷静地处理各种可能出现的问题。

2.2.2　客观认知和评价自己

① 学会塑造自我。塑造己方谈判人员的性格，树立信心、培养耐心、具备诚心。性格暴躁的人很容易陷入不利局面，从而导致签约失败。一般人在情绪化的时候不愿思考，也很容易被对方的建议所诱惑。生气的人很难改变主意，即使发现自己做出了荒谬的决定，由于情绪不稳定，任由事态的发展。面对对方的阿谀奉承，自负的人很容易在飘飘然中就悄然陷入别人的陷阱。

② 分析手中的谈判筹码。己方谈判人员要清楚地知道手中所拥有的优势，分析在谈判中对手的真实需要，结合自己手中的谈判筹码跟对手周旋；还要合理利用谈判人员的个性特征，在谈判中做到有的放矢。

③ 对方能提出什么样的要求，我们能够满足对方什么样的要求，作为一名合格的谈判人员也要对这些内容提前进行分析。

2.2.3　谈判人员要知识面广、阅历丰富

商务谈判是围绕着与双方之间的交易或与合作有关的商务及技术条件而展开的。这里涉及的可能有政治知识、经济知识、商务知识、技术知识、管理知识、法律知识、语言知识等。谈判双方要加深关系、促进沟通、营造良好气氛，都需要拥有语言的共同点。即使是在谈判中能够获得怎样的利益，特别是获得怎样的经济利益，主要体现在双方通过谈判所商定的商务和技术条款中，这也涉及相关商务知识、技术知识、经济知识。鉴于此，优秀的谈判者必须要熟悉与谈判有关的各方面知识，同时还要拥有良好的知识结构，做到谈吐自如、收放有度，还应熟悉有关的社会、政治和法律知识，能够容忍文化差异等。

2.2.4　谈判人员综合能力要全面

（1）语言表达能力　优秀的谈判者应该能够通过语言感染力准确无误地表达自己的情感、意愿。对谈判者来说需要用准确规范的语言陈述观点，提供信息说服对方，这是对谈判者最起码的要求。谈判者能言善辩，并不是要滔滔不绝、自吹自擂。谈判不是演讲比赛，而是双方的交流，谈判是一个信息交流的过程。优秀的谈判者必须要具备较强的信息沟通能力，善于恰当地传递信息，及时准确地理解、接受有关信息，并充分利用有关信息为实现谈判目标而服务。

（2）观察认知能力　谈判人员在谈判过程中应密切注意观察对方的行为，学会察言观色，通过观察、思考、判断、分析和综合的过程，从对方的言行迹象中判断真伪，了解对方真实意图。一般从手势上来说，张开双手表示接纳；紧握双拳意味防范；当对方的手使劲握住桌角，证明你的观点击中要害。从面部表情来看，如嘴唇紧闭、眉角下弯、瞪大眼睛盯住你则表明对方对你充满敌意且具有攻击力；若眼睛突然往下看，脸转向旁边，多表明拒绝或厌恶你的讲话。需要指出的是，判断言行举止是一个比较复杂的问题，要结合实际情况来分析。因此，需要谈判人员自身具有一定的观察认知能力，单纯依靠经验来判断往往效果不尽人意。

（3）组织应变能力　谈判是一项需要成员密切配合的集体活动，每个成员都要在组织中发挥出自己的特殊作用，所以，谈判人员要有组织协调能力，分清主次，抓住重点，合理掌握时间，才能发挥出强大的战斗力；另外，再细致的谈判准备活动都不可能预料可能发生的所有情况，谈判者应具备沉着、机智、灵活的应变能力，主要包括处理事故的能力、化解谈判僵局的能力、巧妙袭击的能力等。

（4）主观决策能力　谈判人员要掌握随时与谈判伙伴协调配合的本领。谈判小组是由个人组成的集体，因此，既要表达自己的意见，又要表达集体的意见。谈判时风云变幻，有可能出现各种意想不到的事情。谈判人员既要处变不惊、沉着冷静，又要有大将风度，这样才能妥善、理智地处理好问题；否则，感情用事将使谈判人员做出不合理的决策，如进入拍板阶段后，谈判人员就应该当机立断。

（5）创造性思维能力　谈判人员要具备丰富的想象力和创造力，勇于开拓创新，拓展商务谈判的新思维、新模式。以创新为目的，在谈判过程中提高分析问题和解决问题的能力。

2.2.5　健康的身体素质

身体是革命的本钱，谈判人员只有精力充沛、体魄健康才能适应谈判超负荷的工作需要。

2.3　谈判人员的组成及分工

2.3.1　首席代表

首席代表也叫主谈人，对谈判起到关键作用。首席代表不仅要具备一般谈判人员的素质，还要具有更强的控制能力和协调能力。其次，首席代表除了对谈判对手所提的问题要善于应答外，还要有效地指挥与协调谈判班子每个成员的活动，发挥谈判班子的群体效应，监督谈判程序，掌握谈判进程，决定谈判过程中的重要事项，协调班子成员意见，代表组织签约，还要及时向领导汇报谈判工作，担负谈判工作的组织和领导责任。具体来说，首席代表的职责体现在以下几个方面：

（1）做好谈判前的准备工作　谈判桌上的成功主要还是来自谈判桌外的准备工作。作为首席代表，准备工作抓得实与虚直接影响谈判结果。首席代表在履行这一职责时必须坚持一个"明"字。所谓"明"就是务必明确了解与谈判有关的各种信息；务必使谈判目标有明确的定量指标和定性要求；务必使谈判班子的全体成员都准确无误地了解谈判目标和策略；务必使每个谈判成员明白自己的工作与谈判目标和策略的关系；听取其他谈判人员的建议、说明，务必使每个谈判成员明白自己的工作规范和行为准则。总之，首席代表要能领悟上级的指示精神并能向其他参与人员透彻地讲明，组织参与人员依此共同行动并实现目标。同时，首席代表也应考虑谈判中如发生意外情况，将如何向上级汇报，以便领导及时做出决策。

（2）发挥谈判核心人的作用　首席代表的特定身份和谈判的惯例，决定了他是谈判班子的正式发言人。一方面，首席代表代表着上级的指示精神；另一方面，首席代表代表着谈判过程中一方的正式立场。无论对方在陪谈人身上做了多少工作，最终签约还是取决于首席代表的意见。首席代表是双方互通信息的连接点。因此，除了试探对方动向外，有经验的谈判者都会直接与对方的首席代表就实质性问题交换意见，以免浪费时间或造成误解。

（3）在谈判中寻找主攻点　谈判协议是双方妥协的结果。谈判过程就是双方共同寻找妥协点的过程。由于双方利益的矛盾性和共存性，双方都希望对方做出最大让步使自己能守住阵地，激烈的争论也往往由此产生。首席代表的责任就是寻找对方能力范围内可能妥协的条款作为主攻点。主攻点并不是要对方提出最终的妥协目标，而是抓住对方最虚、最不合理的提议作为主攻方向。抓住了对方的弱点，就可起到"牵一发而动全身"的作用，从一点突破推动全局的进展。

（4）调动全体成员的积极性　谈判班子活动的源泉，在于全体成员的积极性、智慧和创造力。首席代表是组织在谈判桌前的代表，也是一线的指挥员。首席代表分工是否得当，能否听取陪谈人的意见，能否使谈判班子形成统一力量，并按整体的意愿共同议定谈判策略，是调动全体成员积极性的关键。首席代表在履行这条职责时，要充分注意尊重陪谈人的意见。当与陪谈人意见相左时，应平心静气，认真考虑。如果谈判遇到挫折或发生问题，要及时平息陪谈人的思想波动，共同研究并找出解决问题的办法。

2.3.2　专业人员

专业人员应是熟悉本组织的专业技术特点并能决定技术问题的工程师或技术领导。在谈判中，技术人员主要负责有关技术性能、技术资料和验收办法等问题。阐明己方的愿望、条件，弄清对方的意图，同对方进行专业细节方面的磋商，向首席代表提出解决专业问题的建议，为最后决策提供专业论证。

2.3.3　商务人员

商务人员主要负责有关价格、交货、支付条件、风险划分、信用保证、资金筹措等商务性条款的谈判。他必须熟悉掌握谈判总的财务情况，分析、计算修改中的谈判方案带来的收益变动，提供财务分析表，了解对手在项目中预期期望指标，向首席代表提供建议。

2.3.4　法律人员

谈判班子的法律人员，应是熟悉各种相关法规并有一定签约和庭审经历的专业人员。在谈判中，法律人员应负责解释协议中各种条款的法律要求，并能根据谈判情况草拟协议文本，确认谈判对方的经济组织的法人地位，监督谈判在法律许可的范围内进行，检查法律文件的完整性和准确性。

2.3.5　翻译人员

如果是涉外谈判，谈判班子还应配备自己的译员。译员不仅要熟悉外文，还要懂得一些基本的与谈判内容有关的知识。在谈判中，译员应积极主动，准确传递谈判双方的意见、立场、态度，遵纪守法，切不可任意发挥、歪曲本意。

2.3.6　记录人员

大型谈判中还需要配备专门的记录人员，要求记录人员必须准确、完整、及时地记录谈判内容。

以上各类人员在商务谈判中并不是单兵作战，而是相互密切配合。各自根据所掌握的材料、知识和经验，对谈判全局提出参考意见，共同制订谈判方案，并经上级批准，分头实施。在谈判桌上根据既定方案相机而动，彼此呼应，形成目标一致的谈判统一体。

在谈判活动中，一旦形成谈判团队，那么就必须发挥最大效力。该如何形成有效的谈判团队呢？首先，应该做到知识互补。谈判所需人员结构最好不要重复，彼此能在谈判桌上互相呼应。其次，成员之间性格互补。性格是一个人比较固定的对人对事的态度和行为方式，是最主要的个性心理特征。在一个合理而完整的谈判班子中，性格应当是协调的。所谓性格协调，并不要求其成员在性格上完全一致，而是要求各种性格的人兼容并包、相互协调，各种性格的集合能有效控制谈判场面，如急躁的性格就是对温和的性格的补充。最后，要求成员分工明确。谈判开始之前，首席代表必须协调好班子成员，做到每个成员任务明确、分工清楚。

实战案例2-2

2015年，某县一家饮料厂欲购买意大利橘汁饮料的生产技术与设备。派往意大利的谈判小组包括以下四名核心人员：该厂厂长、该县主管工业的副县长、县经贸委主任和县财政办主任。

从案例中，我们大致可以判断这次谈判不会太顺利，因为所配备的谈判人员是非常不合理的，政府工作人员太多，专业人员太少，就连起码的翻译人员都没有，谈判中难免会处于被动。

2.4 如何选拔优秀的谈判人员

2.4.1 甄别商务谈判人员的基本观点

（1）放大眼光看人的观点　放大眼光看人的观点是指从较广的范围和较多的人员中选拔适当的商务谈判人员。有些组织选拔谈判人员往往出现这样一种情况，如果眼光仅仅盯着自己所熟悉的很少的几个人。当感到这几个人也不合适时，就让不熟悉业务的领导参加谈判，或要求上级派人。真正符合谈判素质要求的人员由于没有进入被选拔的视野，得不到合理的选择，谈判班子难以实现最优组合。就目前来看，选择谈判人员存在的主要问题就是论资排辈。这在一些较大型的谈判和涉外谈判中表现得较为明显。如果选拔一个有资历的人主持谈判，说三道四的人就少；如果要任用一个没有资历却很有谈判能力、能控制谈判局面的"无名小辈"，就会招致各种非议。商务谈判是一种综合能力的反映，人员选拔适当与否将关系到谈判的成败。

（2）扬长避短看人的观点　选拔谈判人员要一分为二，分清本末、主次。在分析谈判人员的素质时，应看到每个人既有长处也有短处。选拔谈判人员应首先考虑其优点、长处是什么，这些优点和长处是否适合参加谈判。有的人尽管有缺点和短处，但这些缺点与短处不至于影响谈判，就不应排斥这样的人参加谈判。唯有如此，才会选拔出适合发挥其优点和长处的谈判人员。

（3）在实践中看人的观点　任何人才的成长都有一个发展过程，都是在实践中发展起来的。掌握了相关的谈判理论，在实际中并不一定就能运用自如，运用的效果并不一定会很好。因为人才的成长有一个成熟过程。所谓成熟，不取决于谈判人员的年龄，而是取决于谈判人员必不可少的实践过程。谈判人员的成长是一个由"潜"性人才向"显"性人才发展的过程。潜性人才只有在谈判实践中做出成绩与贡献才能转化为显性人才。要给潜性人才创造参加谈判实践的机会，使他们在谈判中脱颖而出。因此，识别谈判人才不能凭印象、凭个人好恶，而是要通过实践加以检验。人的素质高低、业务能力强弱、谈判成效大小，只有在实践中才能被检验出来。

2.4.2 商务谈判人员的选择方法

（1）经历跟踪法　经历跟踪法是对备选者在较长时间内的有关情况进行了解，收集其工作情况、受教育情况、工作经历、社会地位、性格特点等资料，研究其心理和能力的发展过程；同时，分析其有关谈判活动或相近活动的工作成绩。通过对工作成绩的分析，可以了解备选人员的智力水平、个性心理特点、谈判技能的熟练程度、兴趣爱好、工作态度等。

（2）观察法　观察法是在自然条件下，通过对备选者的行动、语言、表情等有计划、有目的、有系统地观察了解备选人员的各种能力和心理特点。运用观察法可能获得比较真实的情况并做出实事求是的评价。但是，如果是无计划、片断的观察，所获得的结果就会片面，难以做出公正的结论。全面而系统的观察应包括：动作的速度、准确性和协调性；记忆力的速度、保持性和准确性；思维的广度、深度、灵活性和创造性；想象力的生动性、丰富性和新颖性；情绪状态、理智感、道德感、兴趣、意志、气质、语言、面部表情等。

（3）谈话法　谈话法是通过与备选者进行语言交流，了解其各种能力和心理特点的方法。在谈话中应注意：事先要拟定好谈话的主要内容；最好采取面对面的对话形式，并记录谈话内容；谈话时可设计激烈、轻松、打断等情景以便了解备选人的应变能力。

（4）测验法　测验法是根据所要测验的内容设计各种答卷并进行测验评分，用数字化表示备选者能力和心理特点的方法。这种方法的优点是能在较短的时间内、在较大范围内取得调查材料以便分析对比，择优录取；缺点是测验答卷的水平不同，结果也会不尽相同，备选者不一定按其真实思想回答问题。测验法在不同时间使用，可测验出谈判人员各种能力的变化。

2.4.3　商务谈判成员的性格选择

性格是指一个人对人、对事比较固定的态度和行为方式，是最核心的个性心理特征。一般而言，谈判人员的性格可以分为以下几种类型。

（1）独立型　这类人员的特点是：性格外露，善于交际，情感外放，决断能力强，处事果断，敢负责任，上进心强，为人热情，善于洞察谈判对手心理。他们不愿意接受他人过多的命令和约束，有的甚至期望指挥他人，乐于承担自主性强和能充分发挥个人才能的工作。

（2）活跃型　这类人员的特点是：性格外露，活泼开朗，情感丰富，精力旺盛，富有朝气和想象力；善于交际，思维敏捷，善于捕捉时机，容易与对手迅速成交，技术熟练，但情绪易波动，业务学习和工作有时也不够踏实，因而成熟度不够。这类人员适于从事流动性大、交际面广的工作。

（3）急躁型　这类人员的特点是：性格开朗，为人直率，情感易变，性情急躁，接待对方谈判人员态度热情，但显得浮躁，与对方发生矛盾时容易激动，态度因情绪波动而变动。这类人员适于从事简单的、易于快速完成的工作。

（4）顺应型　这类人员的特点是：性格柔和，为人随和，独立性差，喜欢按别人的意见办事，情绪比较稳定，接待谈判对手时态度谦和、诚恳认真，介绍情况实事求是，能尊重对方的意见，尽量满足对方的要求，很少与对方发生争吵。一旦发生矛盾就显得束手无策，依赖于他人解决问题。他们适于从事正常的、不紧迫的工作。

（5）精细型　这类人员的特点是：性格沉着冷静，情绪稳定，工作细致，有条不紊，善于体察对方心理，对谈判对手的态度反应极为敏感，与对方发生矛盾时能细致分析、冷静处理，但工作缺乏魄力和开拓精神。这类人员一般适于从事精密细致的工作。

（6）沉静型　这类人员的特点是：性格内向，性情孤僻，高傲自赏，不爱交际，情感内隐，对待谈判对方表现得较冷淡，沉默寡言，慢条斯理，但一般较耐心，很少与对方发生争吵，对谈判对手提出的问题一般用简单的语言回答，反应迟缓。这类人员适于从事较少人际交往的独立工作。

2.5　商务谈判的信息调查方法

 实战案例2-3

2007年6月，在韩国首尔，广州某机床厂厂长同当地一家A公司进行机床的业务谈判。双方在价格问题的协商上陷入了僵持的状态，这时我方获得信息：韩国A公司原与日商签订的合同不能履行。因为日本对韩国、中国实施了提高关税的政策，使得日商迟迟不肯发货。而韩国A公司又与自己的客户签订了供货合同，对方要货甚急，A公司陷入了被动的境地。我方根据这个情报，在接下来的谈判中沉着应对。A公司终于沉不住气，签订了购买230台中国机床的订货合同。

在谈判中，不仅要注重己方的相关信息，还要重视对手的相关信息。只有知己知彼知势，才能在谈判中获得胜利。

21世纪的竞争就是信息的竞争，谁掌握了信息谁就占据了主动权。收集信息在信息战中将起到关键性作用，谈判更是如此。从一般意义上来讲，狭义的信息收集、整理工作只涉及谈判对象本身的有关信息。而广义的信息收集、整理工作包括政治、经济、社会环境、宗教信仰、谈判对手、竞争对手、国家政策法律等信息。

从商业交易的角度来讲，每次商务谈判的最终目的是通过某项交易达成双方一致的协议。在开展每项具体交易之前，企业必须事先寻找意向中的交易对象（暂还未成为谈判对手）。例如，为了采购某原材料需要寻找原材料供应商，为了销售产品需寻找代理商、终端客户。有时交易对象可能只有一个，也就是说在同行业中处于垄断地位。有时交易对象可能有多个，此时要确定未来的谈判对象就必须经过一个比较、筛选的过程，尔后才能"择优录用"。在对交易对象的考察中，不论数目多少，都不可避免涉及信息的收集、整理工作。简单说，信息的收集、整理工作在整个商务谈判前期准备工作中的地位也正如商务谈判前期准备工作在整个商务谈判全过程中的地位一样，都起到决定意义的基础性作用。

实战案例2-4

获得有效情报，正确认定价值

荷兰某精密仪器厂与中方就某种产品的商务谈判在价格条款上一直没有达成协议，因此，双方决定专门就价格进行谈判。

谈判一开始，荷兰方面就对自己企业在国际上的知名度进行了详细的介绍，并声称按照其知名度，其产品单价应定为4000美元。但是中方代表事先做了详尽的调查，国际上的同类产品价格大致在3000美元左右。因此，中方向荷兰方面出示了非常丰富的统计资料和有很强说服力的调查数据，令荷兰方面十分震惊。荷兰方面自知理亏，因此，立刻将产品价格降至3000美元。

中方人员在谈判前早已得知对方在经营管理上陷入了困境，卷入了一场巨额债务纠纷，急于回收资金，正在四处寻找其产品的买主。根据这种情况，中方人员以我国《外汇管理条例》中的有关用汇限制为理由，将价格压至了2500美元。对方以强硬态度表示无法接受，要终止谈判。中方当即表示很遗憾，同意终止谈判，而且礼貌地希望双方以后再合作。对方未料到中方态度如此坚决，只好主动表示可以再进一步讨论，最后双方以2700美元的价格成交。

在商务谈判中，谈判者对各种信息的拥有量，以及谈判者对谈判信息的收集、分析和利用能力，对谈判活动有着极大的影响。如果在谈判之前多掌握一些有效的信息，也许结果会完全不同。

在商务谈判中，收集信息的渠道是多种多样的。信息收集的方法主要有如下几种：

（1）收集和分析"公开信息"　主要对文献资料、统计报表、报纸杂志、图表画册、广告、报告、用户来信、企业简历等整理、分析研究。

（2）直接调查　由谈判人员直接或间接地获取相关情况和资料的方法，如通过与该企业往来的银行了解其财务状况、经营情况的信息，与该企业有过交往的人员了解其经营特点、谈判习惯等。

（3）委托购买　人们通过咨询服务系统快捷查询、调查、收集有关的信息。信息提供者可以是企业，也可以是社会的专门机构。

总之，谈判开始之前，需要将收集的信息"去其糟粕、留其精华"。

2.6 实施信息调查

2.6.1 调查该国政治环境

（1）国家对企业的管理制度　国家对企业的管理程度高，那么政府就会干预和限定谈判内容及过程；如果管理程度低，那么企业人员就可以自主决定谈判的内容和目标。计划经济体制下，企业自主权较小；市场经济体制下，企业建立独立自主的管理机制，有较大自主权。

（2）政治背景　谈判项目是否有政治上的关注？哪些领导人比较关注？涉及关系国家大局的重要贸易项目，涉及影响两国外交、敏感度很高的贸易往来，都会受到政治因素的制约。

（3）政局的稳定　谈判对手政府的稳定性如何？政局是否会变动？总统大选是否与谈判项目相关？一般情况下，当地发生动乱、爆发战争，谈判往往被迫终止，协议就容易变成废纸。

（4）政府间的关系　买卖双方所在国政府之间的关系如何？如果两国友好，贸易是受欢迎的；如果两国有矛盾，贸易可能被干预或禁止。

2.6.2 了解该国法律制度

法律产生于商品交换，商品交换依靠法律来调整。谈判的内容只有符合法律规定，才能受到法律保护。谈判需要考虑以下因素：

① 该国有哪些法律制度？是根据何种法律体系来制定的？

② 现实生活中的法律执行程度。法律执行情况不同将直接影响到谈判成果能否受到保护。要研究对方所在国家和地区法制是否健全、是否有法可依、是否依法办事。

③ 该国法院受理案件的时间长短。谈判双方在交易过程中以及合同履行过程中出现问题，不能进行有效解决，递交法院是否可以及时得到解决。

④ 该国执行国外法律仲裁判决的程序。国际商务活动必然会涉及两国法律的适用问题，必须清楚该国执行国外法律仲裁需要哪些程序和条件。还要弄清楚，某一个国家的裁决结果在对方国家是否具有同等法律效力。若不具有同等法律效力，那么需要什么样的条件和程序才能生效。

⑤ 该国（地区）法院与司法部门是否地位独立。要研究法院与司法部门是否各自独立，是否不受行政影响。

⑥ 该国（地区）当地是否有完全可以信任的律师。如果必须在当地聘请律师，一定要考虑是否能聘请到公正可靠的律师。因为律师在商务谈判过程起

着重要的作用。

2.6.3　了解该国宗教信仰

首先，搞清楚该国（地区）占主导地位的宗教信仰是什么，其次，要研究这种占主导地位的宗教信仰对谈判人员的思想行为会产生哪些影响。如佛教、基督教、伊斯兰教等宗教信仰对人的道德观、价值观、行为方式都有直接影响。

2.6.4　掌握该区域商业习惯

每个国家和地区都有自己的商业习惯，而这些习惯要求谈判人员要采用相应的谈判手法，如印度商人喜欢收送礼品，而阿拉伯国家商人尤其讨厌贿赂。谈判人员要了解该国的企业经营制度、是否喜欢文字协议、谈判和签约过程中律师是否只负责审核合同的合法性、正式谈判场合是否注重礼仪、是否有商业间谍在活动、是否喜欢同时跟几家公司进行谈判、喜欢使用什么语种等一些具体的商业习惯。

实战案例2-5

以下是我国一家石油公司经理与一位阿拉伯国家石油公司的谈判代表进行谈判后的自述：曾经我在会见一位阿拉伯国家石油公司的谈判代表时，与他协商协议书上的一些细节问题。谈话时，他渐渐地朝我靠近，直到离我大约15厘米的地方才停下来。当时我并没意识到什么，我对中东地区商业习惯不太熟悉，我往后退了退，在我们两人之间保持着一个我认为适当的距离，大约60厘米。这时，只见他略略迟疑了一下，皱了皱眉，随即又向我靠过来，我不安地又退了一步。突然，我发现我的助手正焦急地盯着我，并摇头向我示意。我终于明白了他的意思，我站住不动了，在一个我觉得最别扭、最不舒服的位置上完成了此次谈判。

在谈判中，不仅要了解己方的情况，还要重视对手的商业习惯。只有知己知彼知势，才能获得胜利。

2.6.5　了解所在企业的金融状况

谈判时要了解经济形势和市场状况，对经济周期、国际收支、外贸政策、金融外汇管理等变化情况都要及时掌握，必要时可调整谈判策略。

2.6.6　对社会习俗有所耳闻

俗话说入乡随俗、出国问禁，作为谈判人员，应该了解和尊重当地的社会习俗。社会习俗亦称"社会风俗习惯"，是群聚的人们自发形成，并为社会大多数人经常重复的行为方式。对人们行为的控制是非强制性的，是潜移默化的，是特定社会的产物，与社会制度变革有密切关系。谈判人员要了解对方在称呼、衣着、赠送礼物、社交活动、如何看待荣誉和名声等方面的习惯。这些社会习俗对人们的行为产生影响和约束力，必须清楚了解。

2.6.7 提前了解该国基础设施及后勤供应系统

这里是指该国的人力、物力、财力及当地运输条件、通信状况等。在谈判过程中是需要一定的基础条件及后勤保障系统的，该国是否有熟练工人？该国的建筑材料、建筑设备、维修设备如何？当地的运输条件如何？如外出到非洲进行谈判工作，非洲有些地方无自来水、无电，谈判人员在此之前一定要有心理准备。

2.6.8 参考气候、地理条件等其他因素

谈判人员对当地的地理条件和气候方面也应有所了解，做到有备无患，避免因气候、地理条件等带来的不便，如伦敦多云多雾的天气、拉萨高原地理条件等。

以上列举出来的八种因素，都会或多或少地制约和影响着谈判工作，是进行任何商务谈判前需要准备调查的因素。

2.7 关注谈判对手值得关注的信息

2.7.1 把握谈判对手的心理需要

谈判者能否取得成功，不在于你在谈判过程中做了些什么，关键在于你的心理素质。心理是人脑对客观现实的主观能动的反映。商务谈判心理是指在商务谈判活动中谈判者的各种心理活动。

（1）谈判的心理基础是需要　需要是人缺乏某种东西时产生的一种主观状态，是人对客观事物的某种欲望。人的活动总是为某种需要所驱使，而行动的目的又总是反映某种需要，所以，谈判活动也是建立在人们需要的基础之上的。需要是具体的、有针对性的；是反复的、连续的；是发展的、可以提高的。

在谈判中获得对方需要主要有以下四个途径：准备阶段多收集谈判对手的资料；谈判过程中多提些问题；谈判过程中善于察言观色；采取私下形式或其他渠道获得有利信息。

（2）马斯洛的需要层次理论　美国著名心理学家马斯洛在1943年发表的《人类动机的理论》一书中提出"需要层次"理论，见图2-1所示。

图2-1　马斯洛需要层次理论图

① 需要是分层次的。只有低级需要得到满足后，才会产生高一级需要。
② 需要可以并存，只是需要的重要程度不同。
（3）需要层次理论与商务谈判
① 必须较好地满足谈判者的生理需要。
② 为谈判营造一个安全的氛围。
③ 双方建立一种信任、融洽的谈判气氛。在谈判中营造信任、融洽的气氛需要真诚地关心别人、善于倾听别人说话，通过微笑让对方感到心情愉悦。
④ 注意谈判对手被尊重和自尊的需要。
⑤ 自我实现的需要。

实战案例2-6

一位美国代表被派往韩国谈判。韩方在接待的时候，从对方处得知美国代表需要在两个星期后返回美国。韩国人没有急着开始谈判，而是花了一个多星期的时间陪她在国内旅游，每天晚上还安排宴会。谈判终于在美方代表到达后的第12天开始，但每天都早早结束，为的是客人能够去打高尔夫球。终于在第14天谈到重点，但这时候美国人该回去了，已经没有时间和对方周旋，只好答应对方的条件，签订了协议。

阅读此案例后，我们都会觉得韩国人如此聪明，充满智慧，通过信息把握了解美国人的心理，再利用美国人的价值观充分满足其生活上的、精神上的需求，以此来换取谈判的最大利益。

（4）谈判对手的类型　根据马斯洛需要层次理论，我们将谈判对手根据心理情况分成如下三类。

① 进取型兼权力型的谈判对手

心理需求：对成功的期望很高；对"关系"的期望很低；对权力的期望很高。这种类型的谈判者采取强权的办法求得利益。他急于求得最大利益，因此，极力向对方施加影响。

谈判策略：可以让这种类型的谈判人员负责谈判进程及谈判计划的拟订，以满足他对权力的需求。在谈判开局阶段让他做开场陈述，从而使他觉得自己获得了一种特权。但是，与此同时，谈判人员必须很策略地控制好己方所需要的谈判进程，坚持有一个明确的谈判计划，并使这个计划贯彻始终。

谈判禁忌：不让他插手谈判程序的安排，不尊重他的意见。屈服于压力，轻易让步。

② "关系"型的谈判对手

心理需求：对成功的期望很高；对"关系"的期望很高；对权力的期望很低。这种类型的谈判对手往往希望带着他认为最值得骄傲的成绩凯旋，所以在谈判中必定左右斡旋、尽力而为。但是，由于他对"关系"的需求很高，他更加期望对他的老板和公司里的同事尽责。他希望取得的成绩，不但他自己，而且他的老板和同事也认为是有价值的。他也较多地注重与对方的谈判人员保持友好关系。他热衷于搞好"关系"而不追求权力，这就意味着他在谈判过程中更容易处于被动地位。

谈判策略：如果己方也派出跟他风格类似的人员进行谈判，那么，我们可以很有把握地预计，他们在第二天晚上就能走出谈判大厅，去庆祝某一具有高度创造性的、令人满意的谈判结果。但是，如果是一个权力型的人与"关系"型的人谈判，其结果将取二者的训练水平。如果"关系"型谈判者受过较好的训练，他就会很好地利用谈判的每个阶段取得令人满意的结果，虽然他并不喜欢同权力欲极强的对手交战。如果权力型的对方受过较好的训练，那么，他将操控谈判程序。这样，"关系"型谈判者最多也只能够摆脱对方的控制，从而不至于过多地给予对方。

谈判禁忌：对其热情的态度掉以轻心，不主动进攻，过分苛求对方。

③ 权力型的谈判对手

心理需求：对成功的期望一般；对"关系"的期望一般；对权力的期望一般。

谈判策略：权力型谈判者与众不同的特点是他对"关系"和对权力的要求相同。属于这种类型的人，对这两者要求过高是极少的。因为对权力要求过高就可能使别人产生敌对情绪，因而不可能与别人保持很好的关系。他对于"关系"和权力的期望都一般，他只希望能够影响别人而不是支配别人。权力型谈判者有成为最理想的谈判人的潜力，但必须以他受过很好的训练并充分发挥他的智慧为前提。

谈判禁忌：不要企图去控制他、支配他，更不要提出过于苛刻的条件，烂施压力让他做出过多的让步。

2.7.2 对谈判对手资信情况的把握

（1）对谈判对手的合法资格的审查　对法人的资格审查：了解法人必须要拥有三个条件——自己的组织结构、名称与固定的营业场所。组织结构是法人从事各项事务的主体；法人必须拥有自己的财产；法人必须要有权利能力和行为能力。审查方式主要有：要求对方提供相关文件，如法人成立地注册登记证明、法人所属资格证明、营业执照，掌握对方企业名称、法定地址、成立时间、注册资本、经营范围等，弄清对方法人的组织性质，确定法人的国籍，即他应该受哪个国家法律的管辖。

对代表资格和签约资格审查：一般来讲，洽谈主体需要是公司的董事长、总经理，但更多的是一个部门的负责人。部门负责人就涉及代表资格和签约资格的问题，对其授权范围要严格把关。

（2）对谈判对手资本、信用及履行能力的审查　对谈判对手资本、信用及履行能力的审查属于商业信誉审查，主要看经营历史、经营作风、产品的市场声誉、金融机构的财务状况，以及以往谈判经历。

资本审查主要看法人的注册资本、资产负债表、收支状况、销售状况等。

2.7.3 对谈判对手的合作欲望情况展开调查

在谈判中，我们要了解对方的合作程度及合作欲望。只有了解对方的真实意图，才能在谈判中合理利用相关策略及技巧。

2.7.4 对谈判对手成员构成情况的调查

了解谈判人员的权限及个人情况，了解谈判班子组成情况。了解谈判对手成员的个人情况包括：资历、能力、信念、性格、心理类型、谈判风格、爱好与禁忌、谈判对手的目标、谈判对手对自己的信任程度、所追求的中心利益与特殊利益。

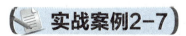
实战案例2-7

发布虚假信息，声东击西

我国某工厂要从日本A公司引进收音机生产线，在引进过程中双方进行谈判。在谈判开始之后，A公司坚持要按过去卖给某厂的价格来定价，坚决不让步，谈判进入僵局。我方为了占据主动地位，开始与日本B公司频频接触，洽谈相同的项目，并有意将此信息传播。同时，通过有关人员向A公司传递价格信息。A公司信以为真，不愿失去这笔交易，很快接受我方提出的价格。这个价格比过去其他厂商引进的价格低26%。

在一条路走不通的时候，往往应该去探索另一条路。

2.8 了解己方实力

在谈判中，我们需要做到"知彼"，而对谈判者自身的了解，就是做到所谓的"知己"。需要注意的是，在分析自身条件时，一定要客观公正。分析自身的优势、劣势，主要从如下几个方面来入手。

① 己方经济实力：主要包括己方产品及服务的市场定位、财务状况、销售状况、企业有形资产和无形资产的价值、企业经营管理的水平及决策的成败记录等。

② 谈判项目的可行性分析：主要包括对项目涉及的资金、原材料、销售背景及企业综合实力的影响的全面评估。

③ 己方谈判的目标定位：包括最低目标和最高目标定位。在谈判中必须同时很好地满足谈判者的需要。

④ 己方谈判人员的实力评价：包括己方谈判人员的知识结构、心理素质、成员之间的配合水平、谈判的经验、人际交往及谈判的能力、以往参加各种谈判活动的状况等。

⑤ 己方所拥有的相关资料的准备状况：包括拥有资料的齐全程度、核心情况的把握程度、己方谈判人员对资料的熟悉程度等。

通过对自身各方面的条件进行客观分析，有助于我们弄清自身在谈判中的优势和薄弱环节，有针对性制订谈判策略，以便在谈判中扬长避短，取得良好效果。

企业现实的和潜在的竞争者范围是很广泛的。一个企业很可能被潜在的竞争对手而不是当前的竞争者打败。因此，商务谈判中需要了解当前主要竞争者的情况，还要了解占据主导力量的竞争者的基本情况。对竞争者的调查包括竞争者的类型、数量、目标、产品性能、服务措施、价格、营销手段等方面的信息。

2.9 开展商务谈判各个阶段的管理工作

充分的组织、计划为商务谈判的成功奠定了基础，但仅限于此也是远远不够的。商务谈判是一个动态、多变、复杂的过程，谈判者必须面对、适应复杂多变的谈判环境，随时灵活处理各种可能出现的问题。如果离开了严格的管理，谈判者的行为就可能偏离既定的计划和目标的要求，甚至蒙受巨大的损失。从某种意义上讲，商务谈判的管理，不仅关系到某一项交易的成败得失，还对以后的谈判工作产生潜在的影响。只有通过科学、严格的管理，才能有效地利用各项资源，把各个因素、各个方面的工作有机地结合起来，提高谈判活动的效率。商务谈判的管理一般包括谈判前的管理、谈判过程中的管理及谈判后的管理等内容。

实战案例2-8

美国有一家专门生产家用厨房用品的工厂，该工厂与采购商之间进行洽谈。在进行到合同签订的环节时，一切都仿佛可以顺利进行了。然而有一天，工厂接到了采购负责人打来的电话。"很遗憾，事情发生了变化，我的老板改变主意，他要和另一家工厂签订合同。如果你们不能把价钱降低10%的话，我们的谈判即将终止。"

工厂慌了手脚，经营状况不佳已使他们面临破产的危险，再失去这个客户就像濒于死亡的人又失去了他的救命稻草。他们不知道在电话线的那一方采购负责人正在等着他们来劝说自己不要放弃这笔生意。工厂的主管不可避免地陷入了圈套，他问对方能否暂缓与另一家工厂的谈判，给他们时间进行讨论。采购负责人很"仗义"地应允下来。工厂讨论的结果使采购负责人达到了目的，价格被压低10%。要知道这10%的压价并不像采购负责人在电话里说的那样，它对工厂来说着实是个不小的数目。

如果我们能看清这场交易背后的内幕，就会发现工厂付出的代价原本是不应该的，那么，采购方是如何从工厂那里取得这笔利益的呢？

事情还要追溯到合同签订的前一个月，工厂的业务员在一次与采购负责人的交谈中无意给工厂泄了底。他对精明的采购负责人说他们的工厂正承受着巨大的压力，销售状况不佳，已使他们面临破产。对于他的诚实，采购负责人并没有对他们给予同情，而是趁火打劫，因为他已知道工厂在价格谈判上的态度不会强硬。

一次不小心的谈话，使工厂被掠走大量利润。所以，讨价还价者们应时刻提醒自己提高警惕，对涉及己方利害关系的信息三缄其口。在这种情况下，如果再能讨得对方的信息，则是上上策了。

作为讨价还价的负责人，应严格控制其成员严守秘密，需要透露的重要信息只能由负责人传递给对方。当涉及人员太多，负责人无法监督其成员是否能贯彻保密制度时，保密工作就更为重要了，关键信息只能由几个关键人物掌握。

本案例的行为在谈判中是比较常见的，泄露关键信息可能导致企业万劫不复。为了避免类似事件发生在我们的企业，需要我们思考谈判活动中哪些是组织管理的重点。

2.9.1 商务谈判的前期管理

商务谈判前对人员的选拔及信息的收集在前面已讲述过，这里主要是强调商务谈判前计划的拟定及谈判风格的选择。

（1）谈判计划的拟定　首先，需要确定谈判的主题和目标。谈判主题即是指参加谈判的目的，而谈判目标则是谈判主题的具体化。整个谈判活动是围绕谈判主题和目标进行的。谈判的主题必须简单明确，最好能用一句话来概括和表述，比如以"以最优惠的价格引进某项技术"等。另外，谈判主题是己方公开的观点，不一定非得和对方经过磋商的谈判主题完全一致。谈判目标是对主要谈判内容确定期望水平，一般包括技术要求、考核、验收标准、技术培训要求、价格水平等。

其次，需要选定谈判的地点和时间。谈判地点的选择不是一件随意的事情，恰当的地点往往有助于取得谈判的主动。在谈判中，地点的选择尤为重要。地点的布置需要注意如下几点：

① 谈判场所宽敞明亮、幽雅舒适、宁静和谐；
② 谈判场所所在地应交通方便，便于人员来往；
③ 在谈判场所旁边应安排休息场所，以便谈判人员休息和场外谈判；
④ 场景的选择应以暗色和暖色为主，这种色调容易建立信任感；
⑤ 谈判座位的安排要体现位置的层次感和轻重感；
⑥ 安排客人的饮食起居。

在当今社会，谈判已经不局限在谈判桌上进行，谈判双方可以选择在高尔夫球场、茶楼、酒会、宴会上进行谈判。这种寓谈判于游玩或交际之中的谈判要求更高。

谈判时间的选择也尤为重要，应该重点注意：第一是谈判双方要彼此协商、共同确定；第二是谈判时间要留有余地，不能安排太紧；第三是还要考虑到各类异常情况的影响，比如节假日、宗教习惯以及其他突发事件对谈判进程的影响等。

再次，需要控制谈判的议程和进度，具体如下：

① 议程安排要根据己方的情况，在程序上能扬长避短，即在谈判的程序安排上，保证己方的优势得到充分的发挥。

② 议程的安排和布局，要为自己出其不意地运用谈判手段埋下契机。

③ 谈判议程的内容要能体现己方谈判的总体方案。典型的谈判议程至少包括以下三项内容，谈判在何时举行？为期多久？谈判在何处举行？哪些事项列入讨论？哪些事项不列入讨论？讨论的事项如何编排先后顺序？

最后，要合理选择谈判策略，具体要求如下：

① 知己知彼、不卑不亢。谈判前要尽量收集完整可靠的信息，了解对手，了解自己。谈判中保持应有的平常心理，不要紧张。同时，要尊重谈判对手。

② 抢占先机、把握议程。在谈判中需要反客为主，努力占得先机。在谈判中尽量营造良好的开局气氛。

③ 以主待客、地利人和。谈判的准备过程中，要注重礼仪，对客人礼貌周到、热情服务，千万不能怠慢客人，争取有利的谈判环境。同时，让谈判对手对主人的招待满意。

④ 兵来将挡、水来土掩。谈判过程往往是复杂多变的，适时调整谈判策略及方法，以不变应万变，争取在谈判中不落于下风。

（2）商务谈判风格的选择　谈判风格是指谈判人员在谈判过程中通过言行举止表现出来的建立在其文化积淀基础上的与对方谈判人员明显不同的关于谈判的思想、策略和行为方式等的特点。从现实的谈判中，我们对谈判风格的类型进行了大致归类，有如下四种。

① 合作型。合作型风格的人，对待冲突的方法是：维持人际关系，确保双方都能够达到个人目标。他们对待冲突的态度是：一个人的行为不仅代表自身利益，而且代表对方的利益。当遇到冲突时，他们尽可能地运用适当的方式来处理冲突、控制局面，力求实现"双赢"的目标。

② 妥协型。妥协型的人不追求"双赢"，而是或者赢一点，或者输一点。妥协型风格的人在处理冲突时，既注重考虑谈判目标，又珍视双方关系。其特点是说服和运用技巧，目的是寻找某种权宜性的、双方都可以接受的方案，使双方的利益都得到不同程度的满足。妥协型风格意味着双方都采取"微输微赢"的立场。

③ 顺从型。顺从型风格的人对待冲突的态度是不惜一切代价维持人际关系，很少或不关心双方的个人目标。他们把退让、抚慰和避免冲突看成是维护这种关系的方法。坚持退让或"非输即赢"的立场，其特点是，对冲突采取退让、输掉的风格，容忍对方获胜。

④ 控制型。控制型风格的人对待冲突的方法是：不考虑双方的关系，采取必要的措施，确保自身目标得到实现。他们认为，冲突的结果即非赢即输，谈判能取胜才能体现出一定的地位和能力。采取的是一种支配导向型的方式，或可以使用任何支配力来维护一种自认为是正确的立场，或仅仅自己获胜。

2.9.2 商务谈判中的管理

（1）谈判人员的行为管理　谈判活动是由谈判人员推动的，而且在多数谈判场合，谈判双方的合作是通过彼此选配的谈判小组来完成的。谈判过程的发展变化，不是取决于某一个谈判人员，而是谈判小组成员共同努力的结果。为了保证谈判小组的协调一致，谈判双方都必须对谈判人员的行为加以管理。

谈判人员行为管理的核心是制订严格的组织纪律，并在谈判过程中认真地予以执行。一个谈判班子的组织纪律应包括以下几个方面的内容。

首先，需要坚持民主集中制的原则。一方面，在制订谈判的方针、方案时必须充分地征求每一个谈判人员的意见，任何人都可以畅所欲言，不受约束，与谈判有关的信息应及时传达给每一个谈判人员，使他们都能对谈判的全局与细节有比较清楚的了解；另一方面，应由谈判小组的负责人集中大家的意见做出最后的决策，决策确定以后，任何人都必须坚决地、不折不扣地服从，绝对不允许任何人把个人的见解和看法带到谈判桌上去。

其次，不得越权。企业对谈判小组的授权是有限的，同样在谈判中，每个谈判人员的权力也是有限的。任何人都不得超越权限范围做出承诺或提出某些要求。原则上，是否让步或承诺某项义务应由首席谈判人员做出决策。

再次，要分工合作、统一行动。在谈判中，谈判人员之间要进行明确的职责分工，每一个人要承担某一方面的工作，每位谈判人员都应把自己的工作严格控制在自己的职责范围之内，绝不可随便干预他人的工作；同时，每一个成员又都必须从谈判的全局出发，服从统一的调遣。除非允许，否则任何人都不得单独地与对方接触，商谈有关内容，以免在不了解全局、考虑不周的情况下盲目做出决定。

最后，当谈判小组需要与企业主管部门联系时，特别是在客场谈判的情况下必须实行单线联系的原则，即必须遵循只能由谈判小组的负责人与直接负责该谈判的上级领导进行联系的原则。

谈判班子内其他成员就有关问题与企业相应的职能部门领导进行联系原则上是不允许的。某个谈判成员如果在某一问题上需要请示，必须通过谈判小组的负责人来进行，由谈判小组的负责人与企业的主管取得联系，并由主管直接与有关人员协商，做出决策。这一程序看上去比较费力费时，但对谈判负责人有效地控制谈判的全过程却是非常重要的。原因有三：首先，他必须审核这种联系的必要性，并检查其安全性；其次，任何一个职能部门的咨询意见都难免带有一定的不完整性或片面性，比如财务部门与制造部门对技术的评价往往侧重点不一样，结论也有差别；最后，从维护谈判小组负责人的权威的角度，若出现由谈判小组的成员自己向其部门主管汇报,并据以对抗谈判小组负责人的做法,对保证谈判小组内部领导的集中统一也是极为不利的。

(2) 谈判信息的管理　信息在谈判中的作用是不言而喻的。谁掌握的信息越多,谁就能在谈判中占得主动和优势。对谈判信息的管理包括两个方面的内容:一是信息的收集与整理;二是信息的保密。信息的收集渠道非常广泛,接触过程中对方的语言、表情、手势乃至体态都蕴含着一定的信息,谈判人员要善于获取这种信息。为保证信息的真实性和可靠性,还必须对信息进行分析、处理,去伪存真。在信息的保密方面,以下两种情况需要特别注意。

第一,要注意客场谈判的保密措施。涉外商务谈判在客场进行,在国外的谈判小组必须与国内的管理机构进行联系时,应该采取必要的保密措施。比如,凡发往国内的电报、电传、邮件等一律亲自去发,不要轻信旅馆的服务员、电话总机接线员,避免因此而泄露机密。

第二,谈判小组内部信息传递要保密。在谈判桌上,为了协调本方谈判小组各成员的意见和行动,或者为了对对方的某一提议做出反应而需商量对策时,谈判小组内部需要及时传递信息。由于这种传递本身就处于谈判对手的观察之中,保密就显得尤为重要。

有些人习惯于在谈判桌上或谈判室内把本方人员凑在一起商量,自以为声音很低,又是用本国语言或本地方言,对方听不见、听不清或听不懂。其实这样做是很危险的。对方或许有人能听清、听懂你的语言。即使听不懂,但从你及你的同事的眼神、面部表情中就能判断出你们之间传递的信息内容。

因此,在谈判桌上,如确有必要进行内部信息传递和交流,应尽可能采用暗语形式,或者通过事先约定的某些动作或姿态来进行,或者到谈判现场以外的地方去商量,以求保密。

除了上述两个方面应该注意以外,谈判人员还应注意培养自己良好的保密习惯。第一,不要在公共场所,如车厢里、出租汽车内及旅馆过道等地方讨论业务问题。第二,在谈判休息时,不要将谈判文件留在谈谈室里,资料应随身携带。如果实在无法带走,就要保证自己是第一个再次进入谈谈室的人。第三,如果自己能解决,最好不要叫对方复印文件、打字等。如果迫不得已,应在己方人员的监督下完成,而不要让对方单独去做。第四,不要将自己的谈判方案暴露在谈判桌上,特别是印有数字的文件,因为对方可能是一个倒读能手。第五,在谈判中用过而又废弃的文件、资料、纸片等不能随便丢弃,对方一旦得到,即可获得有价值的情报。

(3) 谈判时间的管理　时间的运用是谈判中一个非常重要的问题。忽视谈判时间的管理,不仅会影响到谈判工作的效率,耗时长久而收获甚微。更重要的是，它有可能使我们在时间的压力下做出错误的决策。因此，从某种意义上讲，掌握了时间也就掌握了主动。

首先，要合理安排谈判日程。在客场谈判的情况下，做客谈判的一方总会受到一定的时间限制。在安排谈判日程时，要尽可能在前期就将活动排满，尽快进入实质性谈判，以防止因时间限制而匆忙做出决策。为此，在客场谈判时，一定要有强烈的时间意识和观念，不能被对方的盛情招待所迷惑。如果在主场谈判，由于我方在时间安排方面比较自由，在谈判的前半段，要尽可能安排一些非谈判性质的商务活动，如游览、酒宴、参观、晚会等，从而在谈判时间上赢得良好的、主动的、积极的谈判氛围。

其次，对本方行程要保密。客方确定何时回返，这是主场谈判的一方最想知道的信息。因为一旦掌握了这个信息，就可以有针对性地调整和安排谈判日程与谈判策略。因此，在客场谈判时绝对不要向对方透露本方准备何时回返，预订机票、车票等工作应回避对方。

2.9.3　商务谈判后期管理

商务谈判后期管理主要是指对谈判签约、工作收尾等活动进行管理。

（1）谈判总结　合同签订后，本方谈判小组应对本项谈判进行总结。总结的内容主要包括以下两个方面：

第一，从总体上对本方谈判的组织准备工作、谈判的方针策略和战术进行再评价，即事后检验。据此，可以发现哪些是成功的，哪些是失败的，哪些方面还有待改进。同时，每个谈判人员还应从个人的角度，对自己在谈判中的工作进行反思，总结经验和教训。通过上述总结，可以有效地培养和提高本方谈判人员的谈判能力。

第二，对签订的合同进行再审查。虽然合同已经签字生效，在一般情况下没有更改的可能。但是，如果能尽早地发现其中的不足，就可以主动地思考对策，采取弥补措施，早做防范。

（2）保持与对方的关系　协议的达成并不意味着双方关系的了结，相反，它表明双方的关系进入了一个新的阶段。一方面，合同把双方的关系紧紧地连接在一起；另一方面，本项交易又为以后的交易奠定了基础。因此，为了确保合同得到认真彻底的履行，以及维持今后双方的业务关系，应该安排专人负责与对方进行经常性的联系，以使双方的关系保持在良好的状态。

（3）资料的保存与保密　对本项谈判的资料，包括总结材料，应编制成客户档案，善加保存。这样，在以后再与对方进行交易时，上述材料即可成为非常有用的参考资料。在保存资料的同时，还应就有关资料的保密工作进行恰当的安排。如果有关本项谈判的资料，特别是关于本方的谈判方针、策略和技巧方面的资料为对方所了解,那么不仅为对方在今后的交易中把握我方的行动提供了方便,而且也可能直接损害目前合同的履行和双方的关系。比如,谈判中在某个方面本来对方是可以不让步的,或者是可以争取到我方让步的,结果因我方采取了某些策略和技巧而使对方做了让步,或者没有争取到我方的让步。这一信息如果为对方所了解,必然心生懊悔,甚至产生想重新将之争取回来的想法。这样,其履行合同的热情与诚意就可能大打折扣,甚至荡然无存。对于客户的档案,无关人员未经许可不得查阅,这应成为企业的一项制度。

(4)对谈判人员的激励　行为科学揭示了人有自我实现的需要,谈判人员总是希望通过出色完成任务来证明自己的价值,这种自我"激励"往往影响程度深、持续时间长,对于激发谈判人员的创造潜力具有重要的推动作用。因此,无论是企业领导人还是谈判小组负责人,都应高度重视下属人员的这种自我实现的需要,充分承认他们的工作成绩,不断给予各种挑战与机会,让下属在工作中得到满足。当然,如果将外在激励与自我激励相结合,效果就更为理想。如足够的薪金、津贴及额外的奖金不仅是对谈判人员艰苦工作的补偿,也是对他们工作成效的一种认可;再如,完成高度紧张的谈判工作后的工作人员,其疲乏与劳累是不言而喻的,若能给予他们必要的休假与调整的时间,不仅有利于恢复过度消耗的体力与精力,而且能使其在心理上得到满足,使他体会到上级主管对其工作价值的充分认可。

2.10　实施行之有效的商务谈判策略

实战案例2-9

日本一家航空公司的四位代表,同巴西某家企业一群很精明的人进行谈判。谈判从上午8时开始,巴西某企业的谈判人员首先介绍本公司的产品,他们利用了图表、图案、报表,并用三个幻灯放映机将其打在屏幕上,图文并茂,持之有据,以此来表示他们的开价合情合理,产品品质优良。这一沟通性的介绍过程整整持续了两个半小时。在这两个半小时中,四位日本商人一直安静地坐在谈判桌旁,一言不发。介绍结束了,巴西方面的一位主管充满期待,自负地打开了房里的电灯开关,转身望着那四位不为所动的日本人说:"你们认为如何?"其中一位礼貌地笑笑,回答说:"我们不明白。"那位主管的脸上顿时失去了血色,吃惊地问道:"你们不明白?这是什么意思?你们不明白什么?"

另一个日本人也礼貌地笑笑,回答道:"这一切。"那位主管的心脏几乎要停止跳动,他问:"从什么时候开始?"第三个日本人也礼貌地笑笑,回答说:"从电灯关了开始。"第四位日本人则疑惑不解地一直望着对方。

那位主管倚墙而立,松开了价格昂贵的领带,气馁地呻吟道:"那么我们该怎么办?"

四个日本人一齐回答:"你们可以重放一次吗?"

结果,巴西人士气受挫,要价被压到了最低。

商场如战场,如何在谈判中游刃有余,需要谈判人员有充分的思想准备和应对策略。大家思考以上案例中使用了哪种谈判策略。

在现实的工作中,随着业务的拓展及市场的开拓,我们的谈判工作可能面临不同的谈判对象、内容、目标,谈判的环境也将有所改变,因此,商务谈判具有很大的不确定性,谈判的手段和方法也不能一成不变。我们随着谈判客体的变化,应采用相适应的方法。商务谈判策略就是谈判者对谈判过程中各项具体活动所做的一种具体谋划。谈判策略所解决的主要是采取什么手段或使用什么方法的问题,目的是将实际的谈判活动纳入预先的方向和轨道,最终实现预期的谈判目标。

策略原本是军事术语,有人将它称为计谋和谋略,这个概念是相对于战略而言的,一般是指谈判者为解决某一具体问题而采取的对策和行动方案。那么,什么是商务谈判策略呢?目前还没有一个统一的定义。从商务谈判的角度来看,商务谈判策略是谈判者在谈判过程中,为了达到己方某种预期目标所采取的行动方案和对策。

商务谈判策略具有以下特点:

① 策略具有超常性。策略超越普通的思维方式、行为方式,以与众不同的面貌出现。

② 策略具有可行性。表面上看,策略的表现往往不一定合乎常规,但商务谈判要想取得成功就必须要有创新性,但创新性的思维一定要有可行性。

③ 策略具有假象性。策略往往能掩盖本人的真实动机,使对手以假乱真,决策错误。

④ 策略具有高效性。策略和普通的做法相比,能多、快、好、省地解决实际问题。

⑤ 策略具有阶段性。商务谈判各个阶段所使用的商务谈判策略应是不一致的,因此,谈判策略具有阶段性。

⑥ 策略具有时效性。商务谈判策略属于精神文化的范畴,随着人类社会的发展而进步。由于社会和人的因素比较单纯,早期商务谈判的谈判过程、方法也比较简单。当今社会复杂,谈判也更多变,不用策略的商务谈判很难见到。即使你自己不用策略,也难确保另一方不用策略。策略使用与否,其效果

是完全不一样的。即使你是一个不喜欢用策略的人,也应该善于识破对方的策略,以应付对方的策略。

2.10.1 商务谈判策略的产生

策略的产生不是随性的,必须科学、合理,同时要富有程序性、逻辑性。具体来讲,商务谈判策略的产生有如下几个程序:

(1)现象分解　在谈判中,要善于分析问题及谈判对手的各种行为表象,根据对方的姿态、语言、行为做出适当的分析。

(2)寻找关键问题　在谈判中,我们要确定谈判对手的真实需要,根据对方的真实需要来确定其所展现出来的关键问题。俗话说"万变不离其宗",谈判人员需要认真分析其行为、语言,从中找出问题的症结点及主要目的。

(3)确定目标　当谈判人员找到了关键问题,确定了谈判对手的真实需要、谈判对手中的关键人物及主要目标,我们就可以做到针对谈判对手来确定我们自己的谈判目标,进而以主要目标来制订相关方案。

(4)形成假设性解决方案　谈判中所确定的目标经过一系列分析和对谈判对手的行为方式的总结得出。目标一旦明确,就可以围绕目标来制订几套可行的假设性解决方案,以此来保证目标的实现。

(5)对解决方案进行比对、选择　根据科学方法及数据分析,将围绕目标形成的方案进行比较,从比较中选择一套最有效、最可行的解决方案。

(6)具体谈判策略的生成　当确定了具体的可行方案,那么配合使用具体的策略,以此来保证方案的实施。围绕方案来制订有效的方法及手段。

2.10.2 常见的商务谈判策略

谈判活动中,我们可能会遇到各种各样的战术和策略,一般来讲,有如下一些分类方法:根据谈判过程,谈判策略可以分为探盘策略、开局策略、讨价还价策略、让步策略、终局策略;从策略的特点来看,谈判策略可以分为心理战策略、满足需要策略、时间策略、空间策略、信息策略、客观标准策略等;运用传统理论来衡量谈判策略,可以分为缓兵之计策略、激将法策略、反间计策略、反客为主策略、先发制人策略等。

商务谈判策略内容十分广泛,它体现在商务谈判的不同环节和各个侧面。商务谈判目标的确定、程序的安排、方式的采用及面对不同谈判对手都需要制订和采用正确的谈判策略。这里仅介绍几种常用的谈判策略。

(1)投石问路策略　投石问路策略又称假设条件策略,是指在商务谈判过程中,一方提出一些假设条件以探测对方意向,抓住有利时机达成交易的一种策略。

反击投石问路策略的方法:
① 立刻要求对方以订货为条件;
② 反问对方;
③ 并不是每个问题都值得回答。

(2)沉默寡言策略　沉默寡言策略是指在谈判中先不开口,保持沉默,让对方尽情表演,以此暴露对方真实的动机和最低的谈判目标的策略。采用沉默寡言策略应注意:
① 事先准备;
② 耐心等待;
③ 利用行为语言,搅乱对手的思维。

(3)声东击西策略　己方为达到某种目的和需要,有意识地将洽谈的议题引到无关紧要的问题上,从而给对方造成一种错觉,使其做出错误的或违反事实本来面目的判断。

采用声东击西策略的目的:
① 作为一种障眼法,转移对方视线;
② 为以后真正会谈铺平道路;
③ 拖延时间。

(4)欲擒故纵策略　对于志在必得的交易谈判,故意通过各种措施,让对方感到自己是满不在乎的态度,从而压制对手开价,确保己方成功。

采用欲擒故纵策略应注意:
① 立足点在"擒";
② 冷漠之中有意给对方机会;
③ 注意言谈与分寸。

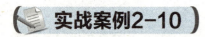

A先生与营业员

A先生到某商店去买一台冰箱。营业员指着A要买的冰箱说:"这种冰箱每台售价489.5美元。"

A先生说:"可是,这冰箱外表有一点儿小瑕疵。你看这儿。"

营业员说:"我看不出什么。"

A先生说:"这一点儿小瑕疵似乎是一个小割痕。有瑕疵的货物通常不是要打一点儿折扣吗?"

A先生又问:"这一型号的冰箱一共有几种颜色?"

营业员回答:"20种。"

"可以看看样品本吗？" A先生问。

"当然可以。"营业员说着，马上拿来了样品本。

A先生边看边问："你们店里现货中有几种颜色？"

"共有8种。请问，你要哪一种？"营业员回答。

A先生指着店里现在没有的颜色说："这种颜色与我的厨房颜色相配。其他颜色同我厨房的颜色都不协调。颜色不好，价格还那么高。若不调整一下价钱，我就得重新考虑购买地点了。我想，别的商店可能有我需要的颜色。"

A先生打开冰箱门，看了一会儿后问道："这冰箱附有制冰器？"

营业员回答："是的，这个制冰器一天24小时可以为你制造冰块，1小时只需2分钱电费。"他满以为A先生会对此感到满意。

A先生却说："这太不好了，我孩子有慢性咽炎。医生说他绝对不能吃冰，绝对不可以。你可以帮助我把这个制冰器拆掉吗？"

营业员说："制冰器是无法拆下来的，它同门连在一起。"

A先生说："我知道……但是这个制冰器对我根本没用，却要我付钱，这太不合理了。价格不能便宜一点儿吗？便宜一点儿我就认了，马上买了走。"

营业员说："既然这样，我就给你便宜50美元，这可是绝无先例的。"

本案例采用了行之有效的谈判策略，如吹毛求疵、声东击西等策略的使用。策略应用针对性强，效果明显。

（5）针锋相对策略　针对谈判对手的论点和论据，逐一予以驳回，进而坚持自己立场的做法。

采用针锋相对策略时应注意：

① 针对性强；

② 理由要充分；

③ 既坚持原则，又力主灵活；

④ 注意场合。

（6）以退为进策略　以退为进策略是指先让一步，顺从对方，然后争取主动、反守为攻的策略。

采用以退为进策略表现为：

① 替己方留下讨价还价的余地；

② 不要让步太快；

③ 让对方先开口说话；

④ 不做无谓的让步。

（7）最后通牒策略　当谈判双方因某些问题纠缠不休时，其中处于有利地位的一方会向对方提出最后的交易条件。包括两种情况：一是利用最后期限，也称"死线"；二是以强硬的口头或书面语言向对方最后一次提出必须回答的条件，否则取消谈判。

采用最后通牒策略表现为：

① 谈判者自知己方处于强有力的地位；

② 其他方法都无效；

③ 己方将条件降到最低限度；

④ 对方经过持久谈判已无法担负失去这笔交易的损失。

成功采用最后通牒策略的必备条件：

① 向对方发出最后通牒的方式和时间要恰当；

② 言辞要委婉；

③ 让事实说话；

④ 向对方发出最后通牒的内容应有弹性；

⑤ 给对方留有考虑或请示的时间。

（8）权力有限策略　权力有限策略是指谈判者为了达到降低对方条件、迫使对方让步或修改承诺条文的目的，假借其上司或委托人等第三者之名，故意将谈判工作搁浅，再趁机反攻的策略。采用权力有限策略的作用：

① 有效地保护自己；

② 使谈判者立场更加坚定；

③ 作为对抗对方的盾牌。

（9）货比三家策略　货比三家策略是指在进行某笔交易谈判时，同时与几个供应商或采购商进行谈判，以选出其中最优的一家的策略。采用货比三家策略应注意：

① 选的对象要势均力敌；

② 对比的内容要科学；

③ 平等对待参加竞争的对手；

④ 慎守承诺。

本章回顾

中国有句名言：知己知彼，百战不殆；凡事预则立，不预则废。商务谈判需要经过完整的计划、组织准备、信息收集等程序，合理运用策略，才能使商机确定下来。本章讲述了谈判人员的准备、谈判队伍的构建、信息的收集方法和信息收集的主要内容，以及对谈判进程的管理、策略的制订及谈判策略的内容。

实战演练2

演练目标

本演练题目用来测试商务谈判者的风格类型及心理素质，以便认清自身优势及劣势。

情景测试题

1. 你让秘书晚上加班两个小时完成工作，可她说她晚上有事。（　　）

   黑桃：这是她自己的问题，她自己想办法解决。你是她的上司，她没有权力讨价还价。

   红桃：那就算了，你自己加班把工作做完。反正你算明白了，谁都是不能指望的。

   方片：你询问她有什么要紧事，她说她的孩子独自在家，于是你建议自己愿意给她介绍一个临时保姆，费用由你来出。

   梅花：你退了一步，让她加班一个小时，而不是两个小时。

2. 你在和上司谈判加薪问题。（　　）

   黑桃：你强硬地说出一个数字。如果他不答应，你就准备辞职。

   红桃：你等他说出数字，因为你实在不愿张口。

   方片：你先陈述自己的业绩，然后把自己真实期望的薪资水平说出来。

   梅花：你提出一个很高的数字，然后准备被他砍下一半——那才是你真实期望的数字。

3. 多年来你一直在男友的父母家度过除夕夜。（　　）

   黑桃：你整个除夕晚上都闷闷不乐。

   红桃：你觉得很委屈，可有什么办法？生活的习俗就是如此。

   方片：你利用春节假期安排了一次国外旅行，这样一来，他就无法要求你回他父母家过除夕了。

   梅花：好吧，但大年初二或初三，你的男友一定要陪你回你的父母家。

4. 忙了整整一个星期，你终于可以在周末好好休息了，可这时男友建议你们和他的朋友一起去跳舞。（　　）

   黑桃：反正你不会去，他愿意去的话就自己去。

   红桃：他难得想跳舞，你不愿意让他失望。

   方片：你说你很疲倦，也很抱歉，然后建议下个星期再一起约朋友去跳舞。

   梅花：你建议把跳舞改成聚餐。

5. 你10岁的侄子总让你给他买这买那，这次他想要个小摩托车。（　　）

   黑桃：你断然拒绝，没什么可商量的。

红桃：你让步了，这样他就不会再缠着你了。

方片：好吧，但他应该先去学驾驶。

梅花：你说你最多给他买辆儿童自行车。

6. 你的男友拒绝和你分担刷碗的家务。（　　）

黑桃：你不能容忍一个不做家务的男人。要不他答应，要不就走人。

红桃：他不愿意就算了，还是由你自己来刷。

方片：你耐心地解释说你希望他分担一些家务。

梅花：如果他一周能刷一次碗，你就很满意了。

7. 你在餐厅用餐，邻座的客人在吸烟，烟都飘到了你这边。（　　）

黑桃：你大声提出抗议"现在的人怎么都这么不自觉！"

红桃：你默默忍受着，可一晚上都不开心。

方片：你微笑着对他解释说烟味呛到你了。

梅花：你请求服务员给你换张桌子。

8. 凌晨三点，你的邻居家里还在开派对。（　　）

黑桃：你打电话报警。

红桃：你用棉球把耳朵塞住。

方片：你马上去他家敲门，说你要睡觉。

梅花：你也去加入他们的派对。

9. 和男友从电影院走出来，他想吃泰餐，而你想吃日本菜。（　　）

黑桃：就吃日本菜，否则就各自回家。

红桃：好吧，那就吃泰餐吧，如果他真的这么想吃。

方片：既然你们都想去有异国情调的餐厅，那不如去吃印度餐。

梅花：今晚吃日本菜，下次吃泰餐。

10. 你约一个朋友一起看服装秀，演出已经开始了，她还没有到。（　　）

黑桃：你把她的票卖掉了，这能给她一个教训。

红桃：你一直等着她。

方片：你不停给她的手机打电话，询问她到哪里了。

梅花：你自己进去看。

11. 你的同事在开会时吸烟。（　　）

黑桃：你对他说他至少应该学会尊重别人。

红桃：你什么也没说，因为担心他会记恨你。

方片：你建议休息一会儿，让想吸烟的人吸一支。

梅花：你对他说应该尽量少吸一些烟，这对他的健康有好处。

12. 你新买的洗衣机坏了。（　　）

黑桃：你去售后服务部大吵大闹。

红桃：你自责是不是自己没有按照程序操作。
方片：你给消费者协会写信，状告厂家。
梅花：你气愤地打电话给厂家，要求退货或给予折扣。

第3章
商务谈判"四步"曲

当彼此有利益冲突的时候，要想解决冲突、顺利签订协议，那么矛盾双方就必须在约定的时间、地点进行面对面的谈判。经过沟通与交流之后，消除分歧，达成协议，使双方的利益需求都获得一定的满足。商务谈判工作是一个循序渐进的过程，一般包括开局、报价、磋商、结束四个阶段。

本章主要介绍商务谈判的开局、报价、磋商、结束四个基本程序以及各个程序的处理技巧及基本策略。在策略运用的过程中使学习者能掌握做事的基本方法，形成大局观念，能够利用谈判策略来帮助学习者处理日常生活、学习、工作中的一些具体问题。

3.1 谈判流程第一步——开局

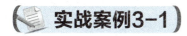
实战案例3-1

1972年2月，美国总统尼克松访华，中美双方将要展开一场具有重大历史意义的国际谈判。为了创造一种融洽和谐的谈判环境和气氛，中国方面在周恩来总理的亲自领导下，对谈判过程中的各个环节都做了精心而又周密的准备和安排，甚至对宴会上要演奏的中美两国民间乐曲都进行了精心挑选。在欢迎尼克松一行的国宴上，当军乐队熟练地演奏起由周总理亲自选定的《美丽的亚美利加》时，尼克松总统简直听呆了，他绝没有想到能在中国的北京听到他如此熟悉的乐曲。因为这是他平生最喜爱的并且指定在他的就职典礼上演奏的家乡乐曲。敬酒时，他特地到乐队前表示感谢。此时，国宴达到了高潮，而一种融洽而热烈的气氛也同时感染了美国客人。

一个小小的精心安排，赢得了和谐融洽的谈判气氛，这不能不说是一种高超的谈判艺术。

资料来源：李伟. 商务谈判. 北京. 科学出版社，2006.

上述案例给我们揭示了谈判开局气氛的重要性。俗话讲得好，良好的开端是成功的一半。在商务谈判中，由于谈判开局是双方开始接触的阶段，是谈判的开始，开局阶段是谈判双方进入具体交易内容的洽谈之前，彼此见面、互相介绍、互相熟悉以及就谈判内容和事项进行初步接触的过程。谈判的开局阶段也称为非实质性谈判阶段，但开局的好坏在很大程度上决定着整个谈判能否顺利进行下去。因为从生理上来讲，人在谈判活动的开始阶段，精力总是最充沛的。开局的时间虽然不长，但它基本上决定了双方的态度和谈判的气氛，基本上确定了正式谈判的方式和风格。因此，谈判开局在整个谈判过程中具有举足轻重的意义，我们有必要充分重视和利用谈判开局来营造良好的气氛。

3.1.1 开局需要用心准备

谈判开局前一定要进行充分的准备工作,谈判工作人员要提前准备好谈判所需要的各种物质设备,同时还要力争创造舒适、可靠的谈判环境。美国前总统杰弗逊曾经针对谈判环境说过这样一句意味深长的话:"在不舒适的环境下,人们可能会违背本意,言不由衷。"因此,谈判开局的准备工作一定得全面考虑、注重细节,主要从以下几方面来准备谈判所需的各种条件。

(1)需要制订科学的谈判计划 谈判计划是指人们在对谈判信息进行全面分析、研究的基础上,根据双方的实力对比,为本次谈判制订的总体设想和实施步骤。谈判计划能指导谈判人员的行动安排,有效控制和组织谈判活动。在制订谈判计划的时候,要开阔思路、确立谈判方向,同时计划要有目标,要确定具体的方案。

(2)需要拟订合理的谈判纲要 在谈判开始前,作为谈判人员一定得在谈判计划的基础上简明扼要地拟订一份谈判纲要,确定谈判程序、谈判目标、谈判进度和谈判人员。

(3)需要制订切实可行的谈判方案 根据谈判的目标及计划来制订谈判方案。谈判方案包括谈判的方针、策略、交易条件、合同条款、价格谈判的幅度等具体内容。

(4)需要做谈判的可行性分析 谈判前可能已有几个谈判方案,我们需要对这几个谈判方案进行有效分析,再结合谈判出现的各种因素来确定一个最优方案,以此来保证谈判目标的有效实现。

(5)谈判前物质准备工作也必须到位 英国政界领袖欧内斯特·贝文则说,根据他平生参加的各种会谈的经验,他发现,在舒适明朗、色彩悦目的房间内举行的会谈,大多比较成功。由此可见,谈判前的物质准备也是相当关键的。谈判的物质准备主要有两方面的内容,一方面是需要准备好谈判场所。要将谈判所用的主谈室、密谈室、休息室都准备好,还要将座位安排妥当。在谈判中非常注重礼仪,商务谈判的正式场合通常用长方形条桌。若是规模小或双方人员比较熟悉,可以用圆形谈判桌。谈判场所也要适当控制谈判所用的照明、空调等,保证电力、网络、通信等基础设备的正常使用。另外一方面是要做好谈判人员的食宿安排。商务谈判是一项艰苦复杂、体力消耗大、精神高度紧张的工作,对谈判人员的精力及体力有较高的要求。要根据谈判人员的饮食起居习惯,尽量安排可口的饭菜和安全、舒适的住宿环境。

实战案例3-2

日本前首相田中角荣于20世纪70年代为恢复中日邦交正常化到达北京，他怀着等待中日间最高首脑会谈的紧张心情，在迎宾馆休息。迎宾馆内温度舒适，田中角荣的心情也十分舒畅，与陪同人员谈笑风生。他的秘书仔细看了一下房间的温度计，是"17.8℃"。田中角荣这一习惯的"17.8℃"使得他心情舒畅，也为谈判的顺利进行创造了条件。

从某种意义上来讲，谈判之前精心的物质准备是非常有必要的。它对谈判人员的心理会产生较大影响力，甚至有时候能左右谈判进程。

资料来源：李伟. 商务谈判. 北京. 科学出版社，2006.

3.1.2 开局导入要注意技巧

从步入谈判地点到谈判开始之前有个寒暄的导入阶段，这个阶段是非常必要的，而往往这个阶段也是有一定难度的。俗话说：万事开头难。导入的时间较短，但作用却很大，导入工作虽然简单，但往往是最难的。在谈判的开局导入阶段，为便于双方接触，一般以站立交谈为好。虽然每个人的行为方式、个性特征各不相同，但从总体要求上应注意以下几个方面：

（1）入场　在谈判开始前，谈判人员应径直走向会场，表情自然放松，以开诚布公、友好的姿态出现。

（2）握手　谈判开局过程中，谈判双方人员应自然握手，同时要掌握握手的力度、时间与方式。握手应亲切郑重。

（3）介绍　谈判双方人员可以自我介绍，也可由双方的首席代表向对方介绍己方的谈判人员。

（4）问候、寒暄　谈判介绍完毕后，不应立即进入主题，应进行简短的问候、寒暄。在问候的过程中，语言尽量亲切、和蔼、轻松自如。在谈判中为塑造良好的气氛，可适当选择一些大家感兴趣的中性话题来交谈。

3.1.3 开局气氛需营造

（1）商务谈判气氛　我们大家都知道气氛是指特定环境中给人强烈感觉的景象和情调。气氛是看不见、摸不着的，但却是客观存在的。这有点类似于物质世界中的磁场、电场、力场。物质之间相互作用有时不需要直接接触，通过看不见、摸不着的场就能发挥作用。而谈判开局是双方在情绪上最紧张的时刻，谈判气氛的好坏在很大程度上决定着整个谈判的走向和发展趋势。因此，"和气致祥"的开局气氛将为谈判的成功奠定坚实的基础。

实战案例3-3

日本有一家木村事务所想扩建厂房，他们看中一块附近的土地，想要购买，同时有其他几家商社也想购买这块地。可是董事长木村前后多次拜访，费尽口舌，但还是遭到这块土地所有者——一位倔强的老太太的拒绝。一个下雪天，老太太进城购物，顺便到木村事务所，她本想告诉木村先生死了这份心。老太太推门刚要进去，突然犹豫起来，原来屋内干净，而自己鞋上沾满雪水，肮脏不堪。正当老人想退出房间时，一位年轻的小姐出现在老人面前："欢迎光临。"然后马上回屋想为老太太找一双拖鞋，可屋内恰巧没有了，小姐就脱下自己的鞋整齐地摆放在老人面前，微笑说："很抱歉，请穿这个好吗？"老太太犹豫了："你不在乎脚冷？"小姐回答："别客气，请穿上吧。"等老人换好鞋以后，小姐才问道："请问我能为您做些什么？""哦，我要找木村先生。"小姐就像扶自己的母亲一样，小心翼翼地把老太太扶上楼。老人在踏进木村办公室的瞬间改变了主意，决定把地卖给木村。

那位老太太告诉木村："在我漫长的一生里，遇到大多数的人是冷酷的。我也去过其他几家想买我地的公司，他们的接待人员没有一个像你们的职员对我这么好的。你的年轻职员体贴、漂亮，他们令我感动。"就这样一个企业家费了半年时间都无法搞定的事情被一个有礼而亲切的女职员搞定。

上述案例中，打动老太太的正是公司的服务人员给她营造的温暖、亲切的气氛，这种气氛从实质上改变了老太太的想法。商务谈判气氛在一定程度上，能够影响谈判人员的心理、情绪和感觉，从而引起相应反应，影响整个谈判的结果。

资料来源：李嘉珊. 国际商务礼仪. 北京. 电子工业出版社，2011.

（2）商务谈判气氛的具体类型　商务谈判中哪一方控制了谈判气氛，那么，在某种程度上就等于控制了谈判对手。一般来说，每一场谈判都会因谈判内容、谈判形式和谈判地点、场景的不同，而具有独特的气氛，常见的商务谈判气氛有如下四种：

① 热烈友好的谈判气氛。热烈、积极、友好的谈判气氛是指谈判双方态度诚恳、真挚，彼此适应对方需要；谈判双方见面时话题活跃，气氛轻松，情绪愉快，常有幽默感。在这种谈判气氛下，谈判双方为成功的谈判奠定基础，这种谈判气氛对谈判的开展起到一种积极促进作用。

实战案例3-4

中国一家彩电生产企业准备从日本引进一条生产线，于是与日本一家公司进行了接触。双方分别派出了一个谈判小组就此问题进行谈判。谈判那天，当双方谈判代表刚刚就座，中方的首席代表（副总经理）就站了起来，他对大家说："在谈判开始之前，我有一个好消息要与大家分享。我的太太在昨天夜里为我生了一个大胖儿子！"此话一出，中方职员纷纷站起来向他道贺。日方代表于是也纷纷站起来向他道贺。整个谈判会场的气氛顿时高涨起来，谈判进行得非常顺利。中方企业以合理的价格顺利地引进了一条生产线。

谈判开始之前，谈判人员要充分掌握交谈信息，灵活运用，将取得出其不意的效果，如案例中以道贺的方式能让整个谈判氛围变得友好、积极。

② 冷淡紧张的谈判气氛。这种谈判气氛和欢快热烈的气氛正好相反，谈判中一方或双方态度冷淡，言语犀利甚至带有嘲讽、猜疑的口气，表现出不信任、戒备等行为，又称为低调的谈判气氛。这种谈判气氛较为特殊，如果运用不当，容易引发或加剧矛盾，致使谈判破裂。这种谈判气氛多出现在谈判双方存在利益冲突的场合中，有时为了达到某种特殊目的也会营造这种氛围。

③ 平静和谐的谈判气氛。这种谈判气氛既不热烈，又不低沉，双方的态度一般都比较严肃、认真，心态比较平和、自然，情绪比较稳定，又称为自然的谈判气氛。这种谈判气氛一般不需要刻意营造，很多谈判都是在这种气氛中进行的。相对于其他几种谈判气氛而言，平静和谐的谈判气氛更有利于谈判双方能比较真实、准确地传递信息。但由于谈判双方比较严肃，甚至拘谨，容易给谈判人员带来较大的心理压力。

④ 松弛缓慢的谈判气氛。松弛缓慢的谈判气氛多半是因为谈判的一方缺乏诚意所致。在该气氛下，谈判人员精神不振、懒散或漫不经心，摆出一副可谈、可不谈的无所谓的态度。这种谈判效率低下，常常因故中断。

在实际谈判过程中，谈判的气氛很难保持不变，会随着议题的更改、进程的推进发生变化。

（3）选择合理的商务谈判开局气氛　根据谈判需要，谈判人员要掌握不同的谈判开局气氛的营造方法。一般来讲，商务谈判开局气氛有高调气氛、低调气氛和自然气氛三类。

① 高调气氛。高调气氛是指谈判情势比较热烈，谈判双方情绪积极、态度主动的谈判开局气氛。适用于己方占有优势、己方希望尽早与对方达成协议的情况。营造高调气氛有如下4种方法：

a. 感情攻击法。感情攻击法是指通过某一特殊事件来引发普遍存在于人们心目中的因素，并使感情迸发出来，从而达到营造气氛的目的。己方占有优势，己方希望尽早与对方达成协议。

b. 称赞法。称赞法是指通过称赞对方来削弱对方的心理防线，从而激发对方的谈判热情，调动对方的情绪，营造高调气氛。

c. 幽默法。幽默法是指用幽默的方式来消除对手的戒备心理,使其积极参与到谈判中,从而营造高调谈判开局气氛。

d. 问题挑逗法。问题挑逗法是指提出一些尖锐问题诱使对方与自己争议,通过争议使对方进入角色。这种方法通常是在对方热情不高时采用,类似于激将法。问题挑逗法很难把握火候,在使用时要慎重,要选择好退路。

实战案例3-5

东南亚某个国家的华人企业想要争取日本一家著名电子公司在当地的代理权。双方几次磋商均未达成协议。在最后一次谈判中,华人企业的谈判代表发现日方代表喝茶及取放茶杯的姿势十分特别,于是他说道:"从君(日方的谈判代表)喝茶的姿势来看,您十分精通茶道,能否为我们介绍一下?"这句话正好点中了日方代表的兴趣所在,于是他滔滔不绝地讲述起来。结果,后面的谈判进行得异常顺利,那个华人企业终于拿到了他所希望的地区代理权。

在谈判中,有经验的谈判人员选择投其所好的话题能让对方心情舒畅,以此可以营造良好的谈判气氛。

② 低调气氛。低调气氛是指非常严肃、低落的谈判气氛。这种谈判气氛会导致一方情绪消极、态度冷淡。低调气氛会给谈判双方造成较大的心理压力,在这种情况下,哪一方心理承受力弱,哪一方往往就会妥协让步。因此,在营造低调气氛时,己方一定要做好充分的心理准备并要有较强的心理调适能力。此法适用于己方有讨价还价的砝码,但并未占有绝对优势的情况。营造低调气氛有如下4种方法:

a. 感情攻击法。营造低调气氛的感情攻击法与营造高调气氛的感情攻击法的性质一样,即都是以情感诱发作为营造气氛的手段,但两者的作用方向是相反的。营造高调气氛的感情攻击是指激发产生积极情感,使谈判开局充满热烈的气氛;而营造低调气氛是要诱使对方产生消极情感,使一种低沉、严肃的气氛笼罩在谈判开始阶段。

b. 疲劳战术。疲劳战术是指使对方对某一个问题或某几个问题反复进行陈述,从生理和心理上使对手疲劳,降低对手的热情,从而达到控制对手并迫使对方让步的目的。一般来讲,人在疲劳状态下,思维敏捷度下降,容易出现错误,热情降低,工作情绪不高,比较容易屈从于别人的想法。

c. 沉默法。沉默法是以沉默的方式来使谈判气氛降温,故意向谈判对手施加压力。这里讲的沉默并非一言不发,而是本方尽量避免就谈判实质问题来发表相关言论。

d. 指责法。指责法是指对对手的某项错误（包括礼仪问题）吹毛求疵、严加指责，使对方感到内疚，从而营造低调气氛，迫使对方让步的方法。

③ 自然气氛。自然气氛是指谈判双方情绪平稳，谈判气氛既不热烈也不低沉。自然气氛无需刻意地去营造，许多谈判都是在这种谈判气氛中开始的。这种谈判气氛是在对谈判对手了解甚少，对手的谈判态度不太明朗的情况下想向对手进行摸底而使用的。

营造自然气氛要注意自己的言行举止；不要与对手就某个话题过早产生争论；运用中性话题开场，缓和气氛；尽量正面回答对方的提问。

总之，谈判气氛并非是一成不变的。在谈判中，谈判人员可以根据需要来营造适合自己的谈判气氛。但是，谈判气氛的形成并非完全是人为因素的结果，客观条件也会对谈判气氛有重要的影响，如节假日、天气状况、突发事件等。因此，在营造谈判开局气氛时，一定要注意外界客观因素的影响。

3.1.4 营造开局气氛的制胜秘诀

我们既然开展谈判工作，当然需要赢得谈判，达到目标，但谈判应是互惠的，一般情况下双方都会谋求一致。为了达到这一目的，洽谈的气氛必须具有诚挚、合作、轻松、愉悦、认真的特点。要想取得这一洽谈气氛，需要有一定的时间，不能在洽谈刚开始不久就进入实质性谈判。因此，要花足够的时间，利用各种因素，协调双方的思想或行动。如何创造一个良好的谈判开局气氛，给谈判双方留下"先入为主"的印象，具体有如下几大秘诀。

（1）轻松的谈判环境大有必要

① 合理选择谈判地点。谈判地点至关重要，谈判地点的选择对谈判人员的心理会造成不小的影响。因此，在谈判中我们尽量选择主座谈判，也就是说选择在谈判者所在地谈判，可以随时向上级领导和专家请教、查找资料和提供样品等；在生活方面也能保持正常，饮食、起居都不受影响，而且处于主人地位，心理上占有优势。客观上来讲，对于重大的商务谈判我们力争在本地进行谈判，但一般的商务谈判往往我们只能接受客座谈判，当然也可以选择在中立地进行谈判。

② 精心布置谈判会场。谈判会场好坏直接影响谈判人员的发挥，也彰显东道主（主方）的接待水平及能力。谈判场所最好选择在一个幽静、不受干扰的地方。房间大小适中，桌椅摆设要紧凑、合理，环境要温馨，灯光要明亮，颜色要明快，具体的步骤如下。

a. 欢迎横幅尽量制作：将横幅做好后，要悬挂在大门口显眼的位置。横幅写上"热烈欢迎某某公司代表"等字样以示欢迎。

b. "流水牌"也需要安排：在企业内部，从大堂到会议室的通道上树立显眼的"流水牌",从对方代表所住楼层的电梯间到谈判会议室安放显眼的"流水牌",方便对方谈判代表不论是从外部进入酒店还是从房间出来都能很方便地找到谈判会议室。

c. 会议室横幅也需要悬挂:如果谈判中会用到投影仪,在屏幕的上方挂上"祝谈判取得圆满成功"内容的横幅,也可以挂在对方谈判代表座位对面的墙上,这可以提醒对方取得谈判的成功是我们共同的目标。

d. 会议室的布置要合理:色彩选择,即选择、确定谈判场景的总体色调。一般而言,谈判场景的总体色调应以暗色、暖色为主,采用暗红色、褐色、暗黑色或朱色。但是,总体色调也不能过于暗淡,否则会给人以压抑的感觉,不利于最后的签约。如果谈判场景的总体色调过于暗淡,那么可以引入一些亮色进行调整,如绿色、浅红色、蓝色、银白色等。具体方法有:用鲜花均匀点缀在会场内;使用白色或银白色的茶具;利用灯光进行调节。

e. 会议室谈判桌及座次安排要恰当:通常选用长方形谈判桌,谈判双方各占一边,双方对等。通常谈判的首席代表居中而坐,己方的其他成员分坐在首席代表两边。

f. 会议室设备安排要到位:谈判中要保证麦克风、音响、投影仪、灯光、电源、计算机、空调等设备工作正常。

g. 辅助文具安排不能少:不管对方是否自己准备,在正式的谈判中,主方都应该为每个谈判代表准备好至少两支铅笔(削好的)、足够的纸张、计算器等文具。如果谈判中还要涉及画图,也要准备画图工具。这些工作也可以在租赁会议室时交由酒店负责。

h. 茶水饮品安排要周全:谈判进行中的饮品一般情况下选择咖啡、茶水或者矿泉水。

i. 休息时间水果及糕点安排适当:谈判的时间安排如果预计会超过两个小时,就必须在中间安排休息时间。一方面是因为要为谈判者考虑到上洗手间的问题;另一方面,如果谈判进展不顺利,出现较为激动的场面不利于谈判的进行时,主方可以提议休息一会儿以缓和气氛。在休息的时间可以安排大家用一点时令水果或者糕点。酒店一般都会提供这样的服务,如果酒店不提供,我们也可以自己安排。

(2)谈判者形象要良好

① 表情要自然。在谈判中,谈判人员的表情可能会影响对方的情绪。树立信心、友善、和谐、轻松愉快的表情还是怀疑敌对、紧张、呆滞的气氛其实都可以通过人的面部表情来体现。如:眼神闪烁不定代表谈判对手在努力掩饰内心的秘密;眉毛迅速上下移动,表示谈判对手力图友好;眉毛向上挑起表示谈判对手处于疑惑。如果对手紧紧抿嘴,表现出意志坚决;噘起嘴意味着不满

意或准备攻击对方；遭受失败时一般死死咬住嘴唇，也可以解释为内疚。因此，为避免表情的不恰当，我们要适当控制自己的面部表情，尽量做到富有信心、友善、和谐、轻松的表情。与此同时，谈判者的目光也要专注。俗话说：眼睛是心灵的窗户，谈判人员心理的微妙变化很多时候可以通过目光表示出来。与人谈话时的眼神一定要专注，不要显示出漠不关心的样子，学会用眼传神、显得谦逊而富有涵养、稳重不矜持，这样才能显出自己的诚恳，消除对方的戒备。

② 仪表须得体。俗话说："佛要金装、人要衣装"，服装是树立良好形象的重要元素。作为最正式的商务活动，谈判服装是很考究的。在谈判中，我们一般选择深色的正装，服装色调与清洁状况反映谈判人员的心理特征，总体来说，谈判人员要做到美观、大方、整洁。谈判是非常正式的场合，我们不能不注重个人形象，个人形象的好坏直接决定对谈判的重视程度，也直接会影响谈判对手的心理情绪。谈判人员的服饰要与谈判的环境和场合相匹配。

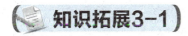

服装穿着的TOP原则

"TOP"实际上是三个英语单词的缩写，它们分别代表时间（time）、场合（occasion）和地点（place），即着装应该与当时的时间、所处的场合和地点相协调。

① 时间原则。不同时段的着装对女士尤其重要。男士有一套质地上乘的深色西装就足以打天下，而女士的着装则要随时间而变换。白天工作时，女士应穿着正式套装，以体现专业性；晚上出席酒会时就要多加一些修饰，如佩戴上有光泽的首饰，围一条漂亮的丝巾等。服装的选择还要适合季节、气候的特点，保持与潮流大势同步。

② 场合原则。衣着要与场合相协调。与顾客会谈、参加正式会议时，衣着应庄重考究；听音乐会或看高雅演出时，最好要着正装；出席正式宴会时，则应穿中国的传统旗袍或西方的长裙晚礼服；而在朋友聚会、郊游等场合，着装应轻便舒适。

③ 地点原则。在自己家里接待客人，可以穿着舒适的休闲服；如果是去公司或单位拜访，穿职业套装会显得专业；外出时要顾及当地的传统和风俗习惯，如果去教堂或寺庙等场所，就不能穿过于暴露的服装。

③ 仪态要优美。一个人的举止既能体现出他的道德修养、文化水平，又能体现出与他人交往的诚意。俗话说：站有站相、坐有坐相。在社会交往中，

应做到"举止得体、文明礼貌"。有些动作相当简单,却影响深远,如在西方一些国家若用右手同别人握手,左手搭在别人肩上,容易引起他人反感,被认为是轻狂、傲慢。在公共场合一般不能做指手画脚、打呵欠、喷烟圈、伸懒腰等动作。总之,男人要有阳刚之美、女士要优雅得体。

④ 仪容得适宜。俗话说:浓妆淡抹总相宜。谈判人员要注意自己的仪容,女性要略施淡妆,男性头发不能过长,更不能脏乱,梳理的时候小心头皮屑掉在西装领上;双手指甲要经常修剪保养,小指甲不能蓄留过长,不要涂抹过艳的指甲油;皮鞋要保持光亮,女性要随身带上丝袜以避免出现袜子破损无法更换的情况。

(3)开场须先声夺人 学会获得信息。对方谈判经验和技巧无须语言就可以体现出来,比如他的姿势、表现以及入题能力。如果在寒暄时不能应付自如,或者突然单刀直入谈起生意来,那么可以断定,他是谈判生手。谈判高手留心观察这些微妙之处,对方的谈判作风也可以在开场阶段中反映出来。

(4)用中性话题来获得好感 谈判的开局一般都不会直奔主题,像这样一见面就直接涉及谈判主题,往往不利于谈判的正常进行,破坏良好的谈判气氛。这时应该谈点什么,才能创造和谐的谈判气氛呢?在洽谈开始时,应选择合适的中性话题,最好是闲聊的、松弛的、非业务性的,比如我们在聊天、寒暄的时候可涉及这样一些内容:谈谈各自以前的经历;近期的社会新闻、体育新闻、文娱节目;谈谈家庭状况、私人问候,表现出你真正关心他人的情况,不带任何胁迫的语调;谈谈所处地区的气候、季节及适应性,旅途中的经历,名人轶事,较轻松的玩笑,过去成功的合作。

(5)非正式接触往往更有效果 我们在正式开始谈判前,双方可能有一定的非正式接触机会(指非正式会谈),如欢迎宴会、礼节拜访、商务接待等。利用此类机会加强关系,增进感情,也可充分影响对方人员的谈判态度,有助于在正式谈判时建立良好的谈判气氛。

3.1.5 谈判开局策略要知晓

谈判开局的过程往往也要非常重视。如果开局不好,就会事倍功半。而我们常常提到的谈判开局策略是指谈判者谋求谈判开局有利地位和实现对谈判开局的控制而采取的行动方式或手段。营造适当的谈判气氛实质上就是为实施谈判开局策略打下基础。商务谈判开局策略因时间、地点、事件、人员不同,采取的策略也各不相同。下面介绍几种常见的开局策略:

(1)协商式开局策略 协商式开局策略,也称为一致式开局策略,是指以协商、肯定的语言进行陈述,使对方对己方产生好感,创造双方对谈判的理解充满"一致性"的感觉,从而使谈判双方在友好、愉快的气氛中展开谈判工作,适合高调气氛、自然气氛。协商式开局策略比较适用于谈判双方实力比较接近,双方过去没有商务往来的经历,第一次接触时都希望有一个好的开端的情况。运用协商式开局策略,在首次见面时应多用外交礼节性语言、中性话题,使双方在平等、合作的气氛中开局。协商式开局策略的目的在于创造取得谈判胜利的条件。运用协商式开局策略的具体方式有很多,比如,谈判双方进行简单自我介绍后,谈判一方以协商的口吻来征求谈判对手的意见,然后对对方意见表示赞同或认可,双方达成共识。

需要注意的是,征求对方意见的问题应该是无关紧要的问题,对手对该问题的意见不会影响我方的利益。例如进行产品的自我介绍、经营介绍等,这就避免征求到的对方意见对自身利益造成损害。在赞同对方意见时,谈判人员的态度要不卑不亢,要表现出充分尊重对方意见的态度。语言要友好礼貌,但又不刻意奉承对方。协商式开局策略可以在平静和谐或热烈的谈判气氛中运用,但最好不要在冷淡紧张的谈判气氛中采用,以免给谈判对手造成讨好的误解,使己方陷入被动的局面。运用协商式开局策略还有一种重要方式,就是在谈判开始时以问询方式或者补充方式诱使对手走入你的既定安排,从而使双方达成一种一致和共识。所谓问询式,是指将答案设计成问题来询问对方,例如,"你看我们把价格和付款方式问题放到后面讨论怎么样?"所谓补充方式,是指借以对对方意见的补充,使自己的意见变成对方的意见。

(2)保留式开局策略 保留式开局策略又叫慎重式开局策略,是指应用严谨、凝重的语言进行陈述,对谈判对手关键问题不做确切、彻底回答,有所保留,造成神秘感,表达出对谈判的高度重视和鲜明的态度,目的在于使对方放弃某些不适当的意图,以达到把握谈判的目的。

保留式开局策略一般适用于谈判双方有过商务往来,但对方曾有过不太令人满意的表现,己方要通过严谨、慎重的态度,引起对方对某些问题的重视。运用此策略可以采取的方法有很多,例如,可以对过去双方业务关系中对方的不妥之处表示遗憾,并希望通过本次合作能够改变这种状况;也可以用一些礼貌性的提问来考察对方的态度、想法,但不要急于拉近关系,注意与对方保持一定的距离。这种策略也适用于己方对谈判对手的某些情况存在疑问,需要经过简短的接触摸底。当然慎重并不等于没有谈判诚意,也不等于冷漠和猜疑,这种策略正是为了寻求更有效的谈判成果而使用的。

实战案例3-6

江西省某工艺雕刻厂原是一家濒临倒闭的小厂,经过几年的努力,发展为年产值200多万元、产品打入日本市场的大厂家,被誉为"天下第一雕刻"。有一年,日本三家株式会社的老板同一天接踵而至,到该厂订货。其中一家资本雄厚的大商社,要求原价包销该厂的佛坛产品。这应该说是好消息。但该厂想到,这几家原来都是经销韩国、我国台湾地区产品的商社,为什么现在争先恐后、不约而同到本厂来订货?他们查阅了日本市场的资料,得出的结论是本厂的木材质量上乘、技艺高超是吸引外商订货的主要原因。于是该厂采用了"待价而沽""欲擒故纵"的谈判策略。先不理那家大商社,而是积极抓住两家小商社求货心切的心理,把佛坛的梁、柱分别与其他国家或地区的产品做比较。在此基础上,该厂将产品当金条一样争价钱、论成色,使其价格达到理想的高度。首先与小商社拍板成交,造成那家大商社产生失去货源的危机感。那家大商社不但更急于订货,而且想垄断货源,于是大批订货,以致订货数量超过该厂现有生产能力的好几倍。

本案例中该厂谋略成功的关键在于其策略不是盲目的、消极的。首先,该厂产品确实好,而几家客商求货心切,在货比货后让客商信服。其次,是巧于审势布阵。先与小客商谈,并非疏远大客商,而是牵制大客商,促其产生失去货源的危机感。这样订货数量和价格才能大幅增长。注意,在采取保留式开局策略时不要违反商务谈判的道德原则,即以诚信为本,向对方传递的信息可以是模糊信息,但不能是虚假信息。否则,会将自己陷于非常难堪的局面之中。

(3)坦诚式开局策略 坦诚式开局策略,也称开诚布公策略,是指谈判一方以开诚布公的方式向对手陈述自己的观点或意愿,尽快打开谈判局面,适合关系很好、比较了解或者势力不如对方时使用。

运用坦诚式开局策略的目的在于,通过开诚布公的形式,获得谈判对手的信赖和好感,这有助于谈判的顺利进行,并提高谈判效率,节省时间,还能避免一些不必要的误解和矛盾的产生。坦诚式开局策略比较适用于谈判双方过去有过商务往来,而且关系较好,双方之间有比较深的了解的情况。在陈述中真诚、热情地畅谈双方过去的友好合作关系,并适当地称赞对方在商务往来中的良好信誉。由于双方关系比较密切,不用太多的客套,可以减少很多外交辞令,直接坦率地陈述自己的观点、要求或对对方的期望等,使对方产生信任感。采用这种策略时,要综合考虑多种因素,例如,自己的身份、与对方的关系、当时的谈判形势等。

实战案例3-7

深圳某国企的党委书记在同外商进行谈判时,发现对方对自己的身份持有强烈的戒备心理。这种状态妨碍了谈判的进行。于是,这位党委书记当机立断，站起来对对方说道："我是党委书记，但也懂经济、搞经济，并且拥有决策权。我们摊子小，并且实力不大，但为人实在，愿意真诚与贵方合作。咱们谈得成也好，谈不成也好，至少你这个外来的'洋'先生可以交一个我这样的'土'朋友。"寥寥几句肺腑之言，打消了对方的疑惑，使谈判顺利地朝着纵深方向发展。

　　案例中，党委书记开诚布公地向外商说明了自己的观点和想法，为谈判开局营造了良好的氛围。党委书记的语言朴实无华、简单干脆，效果明显，获得了外商认可，不出意外谈判定会成功。

　　（4）进攻式开局策略　进攻式开局策略通过语言或者行为来表达自己强硬的姿态，从而获得对手必要的尊重，制造心理优势，使谈判顺利进行下去。不利于讨价还价，容易使谈判进入僵局。

　　这种进攻式开局策略只有在特殊情况下使用。例如，发现谈判对手居高临下，以某种气势压人，有某种不尊重己方的倾向，如果任其发展下去，对己方是不利的。因此，要及时变被动为主动，不能被对方气势压倒。采取以攻为守的策略，捍卫己方的尊严和正当权益，使双方处于平等的地位进行谈判。采取进攻式开局策略时一定要谨慎，必须注意有理、有利、有节，不能使谈判一开始就处于剑拔弩张的气氛中。在运用此策略时，要切中问题要害，对事不对人，不能进行人身攻击或给对方的行为定性。在语言表达中，既表现出己方的自尊、自信和认真的态度，又不能过于咄咄逼人，使谈判气氛过于紧张。一旦问题表达清楚，对方态度也有所改观，就应及时调节一下气氛，使双方重新建立起一种友好、轻松的谈判气氛。

实战案例3-8

　　2006年，日本一家著名的汽车公司在美国刚刚"登陆"时，急需找一家美国代理商来为其销售产品，以弥补他们不了解美国市场的缺陷。当日本汽车公司准备与美国的一家公司就此问题进行谈判时，日本公司的谈判代表因路上塞车迟到了。美国公司的代表紧紧抓住这件事不放，想要以此为手段获取更多的优惠条件。日本公司的代表发现无路可退，于是站起来说："我们十分抱歉耽误了你的时间，但是这绝非我们的本意。我们对美国的交通状况了解不足，所以导致了这个不愉快的结果。我希望我们不要再为这个无所谓的问题耽误宝贵的时间了。如果因为这件事怀疑到我们合作的诚意，那么，我们只好结束这次谈判。我认为，我们所提出的优惠代理条件在美国是不会找不到合作伙伴的。"日本代表的一席话说得美国代理商哑口无言，美国人也不想失去这次赚钱的机会，于是谈判顺利地进行下去。

进攻式开局策略通常只在这种情况下使用：发现谈判对手在刻意制造低调气氛，这种气氛对己方的讨价还价十分不利。如果不把这种气氛扭转过来，将损害己方的切身利益。本案例中，日本谈判代表采取进攻式的开局策略，阻止了美方谋求营造低调气氛的企图。

（5）挑剔式开局策略　挑剔式开局策略是指开局时，对对手的某项错误或礼仪失误严加指责，使其感到内疚，从而达到营造低调气氛、迫使对方让步的目的。

实战案例3-9

巴西一家公司到美国去采购成套设备。巴西谈判小组成员因为上街购物耽误了时间。当他们到达谈判地点时，比约定时间晚了45分钟。美方代表对此极为不满，花了很长时间来指责巴西代表不遵守时间，没有信用。如果老这样下去的话，以后很难合作。浪费时间就是浪费资源、浪费金钱。对此，巴西代表感到理亏，只好不停地向美方代表道歉。谈判开始以后，美方代表似乎还对巴西代表来迟一事耿耿于怀，一时间弄得巴西代表手足无措，说话处处被动，无心与美方代表讨价还价，对美方提出的许多要求也没有静下心来认真考虑，匆匆忙忙就签订了合同。等到合同签订以后，巴西代表平静下来才发现自己吃了大亏，上了美方的当，但已经晚了。

本案例中，美方谈判代表成功地使用挑剔式开局策略，迫使巴西谈判代表自觉理亏，在来不及认真思考的情况而匆忙签下对美方有利的合同。

3.2　谈判流程第二步——报价

报价是商务谈判的一个重要阶段，这里所讲的报价，不单单是指双方在谈判中提出的价格方面的要求，而是泛指谈判中某一方向对方提出自己的所有要求。交易条件的确立是以报价为前提的。报价不仅表明了谈判者对有关交易条件的具体要求，集中反映谈判者的需要与利益；而且通过报价，谈判者可以进一步地分析、把握彼此的意愿和目标，以便有效地引导谈判行为。在报价阶段，谈判者的根本任务是正确表明己方的立场和利益。

实战案例3-10

2012年，广州某上市公司想引进PLC自动化控制技术。德国人与日本人获得消息后，纷纷向该公司进行报价，价格分别为1960万美元和1870万美元。

经该公司调查取证，德国和日本两家公司技术与服务条件都大致相当，但从技术成熟度及应用能力的角度考虑，该公司想与德国人成交。在终局谈判中，该公司安排总经理与总工程师同德国人进行谈判，而全权委托技术科长与日本人谈判。德国公司得知此消息后，主动大幅度降价至1780万美元与该公司签约。

本案例比较富有代表性，在与多家谈判对手进行谈判时，如何最大限度地维护己方利益？这需要合理的报价、还价。试问通过对本案例的思考，你认为商务谈判报价有什么注意事项？下边的内容或许能给我们一些启示。

3.2.1 报价一定要合理

在谈判中，我们如果一旦开始报价，就意味着双方价格谈判的正式开始，同时也体现了双方对物质性要求的程度。然而，报价水平的高低并不是由报价一方随意决定的。一般应先确定报价目标。报价目标一定要与企业谈判目标结合起来，明确己方的最低价格标准。根据所搜集和掌握的各种渠道的商业情报和市场信息，对其进行分析、判断，在预测的基础上加以制订，使报价在双方价格谈判的合理范围内。因此，首先应掌握市场行情是报价的基础，着重研究市场供求及价格动态；其次，要通过开场陈述来获取对方意图；最后，还有必要搞清楚对方是什么类型的谈判者。

3.2.2 报价须遵循原则

在谈判中，报价并非就是简单地提出己方的交易条件，这一过程实际上是非常复杂的，稍有不慎就有可能使自己陷入不利的境地。大量的谈判实践告诉我们，在报价过程中是否遵循下述几项原则，对报价的成败有着决定性的影响。

（1）开盘价是最"高"期望价　对卖方而言，开盘价必须是最高的；相应地，对买方而言，开盘价必须是最低的，但也是最高期望成交的价格。开盘价是最"高"期望价这一原则是报价的首要原则。对此，可以从以下几个方面进行分析。

第一，作为卖方来说，最初的报价也即开盘价，实际上为谈判的最终结果确定了一个最高限度。因为在买方看来，卖方报出的开盘价无疑表明了他们追求的最高目标。买方将以此为基准，要求卖方做出让步。在一般情况下，买方不可能接受卖方更高的要价，买方最终的成交价将肯定在开盘价以下。

第二，开盘价的高低会影响对方对本方的评价，从而影响对方的期望水平。比如卖产品价格的高低，不仅反映着产品的质量水平，而且与市场竞争地位及销售前景等直接相关。买方会由此而对卖方形成一个整体印象，并据此来调整或确定己方的期望值。一般来说，开盘价越高，对方对己方的评价越高，其期望水平可能就越低。

第三，开盘价越高，让步的余地就越大。在谈判过程中，双方都必须做出一定的让步。如果在一开始就能为以后的让步预留足够的回旋余地，在面对可能出现的意外情况，或对方提出的各种要求时就可以做出更为积极有效的反应。

第四，开盘价高，最终成交价也就比较高。或者说，最初的报价越高，最终所能得到的往往就越多。因为要价越高，就越有可能与对方在较高的价格水平上达成一致。

（2）开盘价必须合情合理　开盘价必须是最高的，但这并不意味着可以漫天要价；相反，报价应该控制在合理的界限内。如果本方报价过高，对方必然会认为你缺乏谈判的诚意，可能立即中止谈判；也可能针锋相对地提出一个令你根本无法认可的报价水平；或者对本方报价中不合理的成分——提出质疑，迫使你不得不很快做出让步。在这种情况下，即使你已将交易条件降至比较合理的水平，但这一合理的条件在对方看来仍然可能是不合理的。

因此，本方提出的开盘价，既应服从于本方寻求最高利益的需要，又要兼顾对方能够接受的可能性。开盘价虽然不是最终的成交价，但如果对方认为报价高到了荒谬的程度，从一开始就彻底否定本方报价的合理性，双方的磋商是很难顺利进行下去的。在确定报价水平时，一个普遍认可的做法是：只要能够找到足够的理由证明你方报价的合理性，可尽量提高报价。换句话说，报价应该高到你难以找到理由再为提高价格进行辩护的程度。

（3）报价应该坚定、明确、清楚　我们作为谈判者首先必须对己方报价的合理性抱有充分的自信，然后才可能希望得到对方的认可。在提出本方的报价时应该坚决而果断，在言谈举止上表现出任何的犹豫和迟疑，都有可能引起对方的怀疑，并相应增强对方进攻的信心。报价还应该非常明确、清楚。报价时所运用的概念的内涵、外延要准确无误，言辞应恰如其分，不能含混模糊，以免对方产生误解。为确保报价的明确、清楚，可以预先备好印刷成文的报价单。如果是口头报价，也可适当地辅以某些书面手段，帮助对方正确理解己方的报价内容。

（4）不主动对报价加以解释、说明　谈判人员对己方的报价一般不应附带任何解释或说明。如果对方提出问题，也只宜做简明的答复。在对方提出问题之前，如果己方主动地进行解释，不仅无助于增加己方报价的可信度，反而会由此而使对方意识到己方最关心的问题是什么，这无异于主动泄密。有时候，过多的说明或辩解，还容易使对方从中发现己方的破绽和弱点，让对方寻找到新的进攻点和突破口。

3.2.3 报价方式二选一

所谓的报价方式,就是指报价的方法及其形式,包括交易条件的构成、提出条件的程序及核心内容的处理等。简单地说,报价方式解决的就是如何报价的问题。

前面分析的几项报价原则,对现实谈判中的报价有着非常重要的指导意义。但在涉及某项具体的商务谈判时,还必须结合当时的实际情况,尤其是特定的谈判环境及谈判双方的相互关系,灵活地确定报价方式。如果双方关系良好,又有过较长时间的合作关系,报价就不宜过高。如果双方处于冲突程度极高的场合,那么,报价不高就不足以维护本方的合理利益。如果本方有多个竞争对手,那就必须把报价压低到至少能受到邀请参与谈判的程度。

在国际商务谈判中,有两种典型的报价方式可供我们借鉴。需要注意的是,除了这两种方式之外,还可以有其他许多种报价方式。谈判者完全不必拘泥于固定的模式,而应该根据实际情况做出灵活的决策。

(1) 高价报价方式　这种方式的一般做法是,卖方首先提出留有较大余地的价格,然后根据谈判双方的实力对比和该项交易的外部竞争状况,通过给予各种优惠,如数量折扣、价格折扣、佣金和支付条件方面的优惠(延长支付期限、提供优惠信贷等),逐步接近买方的条件,建立起共同的立场,最终达到成交的目的。这种方式与前面提到的有关报价原则是一致的,只要能稳住买方使之就各项条件与卖方进行磋商,最后的结果往往对卖方是比较有利的。

高价报价方式普遍为西欧国家厂商所采用,因此又称为西欧式报价。

实战案例3-11

2009年,浙江甲公司欲从外国引进RFID射频控制技术,意大利乙公司与日本丙公司报价分别为320万美元和180万美元。经调查了解,两家公司服务能力、技术参数、应用水平大致相当,甲公司有意与丙公司成交。在终局谈判中,甲公司安排总经理与总工程师同乙公司谈判,而全权委托技术科长与丙公司谈判。乙公司得知此消息后主动大幅度降价至160万美元,导致丙公司到手的生意被抢走,最后乙公司顺利与甲公司签约。

从案例中,我们可以得知乙公司和丙公司分别采用了不同的报价方式。丙公司采用低报价方式,而乙公司采用了高报价方式,降价幅度较大,效果明显。

(2) 低价报价方式　也称日本式报价。其一般做法是,将最低价格列于价格表中,首先以低价唤起买方的兴趣。而这种低价格一般是以对卖方最有利的结算条件为前提,并且与此低价格相对应的各项条件实际上又很难全部满足买方的要求的。只要买方提出改变有关的交易条件,卖方就可以随之相应提高价格。因此,买卖双方最终成交的价格往往高于卖方最初的要价。在面临严峻的外部竞争时,日本式报价是一种比较有效的报价方式。首先,它可以排除竞争对手的威胁从而使己方与买方的谈判能够实际发生。其次,其他卖主退出竞争,双方谁都不占优势,卖方就可以根据买方在有关条件下所提出的要求,逐步地提高他的要价。

日本式报价虽然最初提出的价格是最低的,但它却在价格以外的其他方面提出了最利于己方的条件。对于买方来说,要想取得更好的条件,他就不得不考虑接受更高的价格。因此,低价格并不意味着卖方愿意放弃对更高利益的追求。可以说,它实际上与西欧式报价殊途同归,两者只有形式上的不同,而没有实质性的区别。一般而言,日本式报价有利于竞争,西欧式报价则比较符合人们的价格心理。多数人习惯于价格由高到低,逐步下降,而不是相反的变动趋势。

3.2.4 报价策略须高效

(1)报价的时间策略　在任何一项商务谈判中,谈判双方在报价的时间上通常都有一个先后次序,而且报价的先后往往会对最后的结果产生重大影响。可供谈判者选择的时间策略不外乎有两种,即先于对方报价和后于对方报价。

一般而言,先报价较之后报价更为有利,先行报价所产生的影响力在整个谈判过程中都会持续地发挥作用。先报价的有利之处主要表现在两个方面:首先,它为谈判的结果设定了难以逾越的界限,最终的协议将在这一界限内形成。比如,卖方报价某货物每吨1000美元,可以肯定地说,最后的成交价是不会高于这一价格水平的。其次,先行报价会在一定程度上支配对方的期望水平,进而影响到对方在随后各谈判阶段的行为。尤其在报价出乎对方预料的情况下,往往会迫使对方仓促调整原来的计划。

当然,先报价的做法也有一定的缺陷。其一,先报价容易为对方提供调整方案的机会,可能会使己方丧失一部分原本可以获得的利益。在本方先行报价之后,由于对方对本方的利益界限有了相应的了解,他们就可以及时修改原来的报价,获取某些超出其预期的利益。比如卖方报价某货物每吨1000美元,而买方事先准备的报价可能是1100美元。在卖方报价后,买方显然会调整原先的报价,其报价水平肯定将低于1000美元。这样对买方来说,后报价就使他每吨货物至少获得了100美元的利益,而这恰恰是卖方所失去的。其二,在某些情况下,先报价的一方往往会在一定程度上丧失主动。在本方报价后,有些谈判对手会对卖方的报价提出各种质疑，不断向卖方施加压力，迫使卖方一步一步地降价，而矢口不谈他们自己的报价水平。在这种情况下，先报价的一方应坚持让对方提出他们的交易条件，以免使己方在随后的磋商中陷入被动。从某种意义上讲，先报价的上述不足之处，也正是后报价的优点所在。

实战案例3-12

有一次，美国一位著名谈判专家替他邻居与保险公司交涉赔偿事宜。谈判是在专家家的客厅里进行的，理赔员先发表了意见："先生，我知道你是谈判专家，一向都是针对巨额款项谈判，恐怕我无法承受你的要价。我们公司若是只出100元的赔偿金，你觉得如何？"专家表情严肃，保持沉默。根据以往经验，不论对方提出的条件如何，都应表现出不满意。因为当对方提出第一个条件后，总是暗示着可以提出第二个，甚至第三个。

理赔员果然沉不住气了："抱歉，请勿介意我刚才的提议，我再加一点，200元如何？"

专家说："加一点，抱歉，无法接受。"

理赔员继续说："好吧，那么300元如何？"

专家等了一会儿："300？嗯……我不知道。"

理赔员显得有点惊慌，他说："好吧，400元。"

"400？嗯……我不知道。"

"就赔500元吧！"

"500？嗯……我不知道。"

"这样吧，600元。"

之后专家无疑又用了"嗯……我不知道"，最后这件理赔案终于在950元的条件下达成协议，而邻居原本只希望要300元！这位专家事后认为，"嗯……我不知道"这样的回答真是效力无穷。

谈判是一项双向的交涉活动，双方都在认真地捕捉对方的反应，以随时调整自己原先的方案。一方干脆不表明自己的态度，只用"不知道"这个可以从多种角度去理解的词，竟然使得理赔员对自己的先报价失去了信心，价钱一个劲儿自动往上涨。在这种情况下，先报价的一方应坚持让对方提出他们的交易条件，以免使己方在随后的磋商中陷入被动。既然来参加谈判，就不可能不知道谈判目标。"不知道"的真正含义恐怕是不想告诉对方想知道的吧。这是一种不传达的信息传达。

先报价虽然要比后报价更有利，但这并不意味着在任何情况下谈判者都应采用先于对方报价的策略，更何况先行报价的只能是双方中的某一方。事实上,选择后报价的策略有时不仅十分有效,而且也是非常必要的。在选择报价时机时,谈判者应充分考虑下述几个方面的因素,根据实际情况做出决策。

① 谈判的冲突程度。在冲突程度极高的商务谈判中,能否把握谈判的主动权往往是至关重要的,因而先报价比后报价更为合适。在比较合作的谈判场合,先报价与后报价则没有多大差别。因为谈判双方都将致力于寻找共同解决问题的途径,而不是试图施加压力去击垮对方。

② 谈判双方的实力对比。如果己方的谈判实力强于对方,或己方在谈判中处于相对有利的地位,先行报价是比较有利的。如果己方实力较弱,又缺乏必要的谈判经验,应让对方先报价。因为这样就可以通过对方的报价来了解对方的真实动机和利益所在,以便对己方的报价做出必要的调整。

③ 商业习惯。就一般的社会习惯而言,发起谈判的一方通常应先行报价。在有些商务谈判中,报价的先后次序似乎也已有一定的惯例。比如货物买卖谈判,多半是由卖方先报价,买方还价,与之相反的做法则比较少见。

(2)报价的时机策略 在价格谈判中,报价时机也是一个策略性很强的问题。有时卖方的报价比较合理,但却没有使买方产生交易的欲望。原因往往是买方首先关心的是此商品能否给他带来价值,带来多大的价值,其次才是带来的价值与价格的比较。所以,在价格谈判中,应当首先让对方充分了解商品的使用价值和能为对方带来多少收益,待对方对此产生兴趣后再谈价格问题。实践证明,提出报价的最佳时机一般是在对方询问价格的时候。因为这说明对方已对商品产生了购买欲望,此时报价往往水到渠成,比较自然。

有时,在谈判开始时对方就询问价格,这时最好的策略应当是听而不闻。应首先谈该商品或项目的功能、作用,能为对方带来什么样的好处和利益,待对方对此商品或项目产生兴趣,交易欲望已被调动起来时再报价比较合适。

(3)报价差别策略 由于购买数量、付款方式、交货期限、交货地点、客户性质等方面的不同,同一商品的购销价格也不同。这种价格差别,体现了商品交易中的市场需求导向,在报价策略中应重视运用。例如,对老客户或大批量购买的客户,为巩固良好的客户关系或建立起稳定的交易联系,可适当实行价格折扣,而对新客户,有时为开拓新市场,也可适当给予折让;对某些需求弹性较小的商品,可适当实行高价策略。

(4)价格分割策略 价格分割是一种心理策略。卖方报价时,采用这种技巧,能制造买方心理上的价格便宜感。价格分割包括以下两种形式。

① 用较小的单位报价。例如:茶叶每公斤200元报成每两10元;大米每吨1000元报成每公斤1元。国外某些厂商刊登的广告也采用这种技巧,如"淋浴1次8便士""油漆1平方米仅仅5便士"。巴黎地铁公司有这样的广告:"每天只需付3欧元,就有200万旅客能看到你的广告。"用小单位报价会使人

产生便宜的感觉，更容易使人接受。

② 用较小单位商品的价格进行比较。例如："每天少抽一支烟，就可订一份××报纸。""使用这种电冰箱平均每天使用0.5元电费，0.5元只够吃1根最便宜的冰棍。""一袋去污粉能把1600个碟子洗得干干净净。""××牌电热水器，洗一次澡，不到1元钱。"用小商品的价格去类比大商品的价格会给人以亲近感，拉近与消费者之间的距离。

（5）心理价格策略　人们在心理上一般认为9.9元比10元便宜，而且认为零头价格精确度高，给人以信任感，容易使人产生优惠、实在的感觉，这种在十进位以下的而在心理上被人们认为较小的价格叫作心理价格。因此，市场营销中有奇数定价这一策略：例如，标价49.00元，而不标50.00元；标价19.90元，而不标20.00元。

3.2.5　应价也要有的放矢

报价是谈判其中一方向谈判对手而不是向自己提出交易的条件，因此，与某一方的报价过程相对应，必然就存在着另一方对报价的反应过程。所谓的应价，就是指谈判的一方对另一方报价所做的反应。在任何一项商务谈判中，报价与应价是构成价格谈判形成合理要求的两个不可缺少的方面，两者相互依存，互为条件。

在谈判的双方报价之后，正常情况下，与双方的最理想可行报价肯定是有一定差距的，彼此都不可能无条件地接受对方的全部要求，而是会相应地做出这样或那样的反应。一个老练的谈判者必须能正确应付对方提出的任何条件和要求，包括那些出乎意料的建议、要求。既然交易的条件是由双方共同来确立的，而不是仅取决于某一方的主观臆断，那么，在对方提出报价以后，本方也应该通过一定的途径来诉诸本方的条件。对本方来说，应价不仅仅是对他方的报价提出质疑、做出评价，或者是不置可否等，它还直接或间接地表明了己方对交易条件的要求，反映着己方的立场、态度和基本利益。

从时间顺序上看，应价是伴随报价而发生的，但就其实质而言，两者并无太大差异。因此，应价一方绝不能将自己置于被动应付的地位，而应该采取积极有效的措施对报价过程施加影响，使之朝有利于己方的方向发展，努力使己方的交易条件得到对方认可，争取谈判的主动权。事实上，应价对谈判行为过程的影响力绝不亚于报价。只要处理得当，谈判者完全可以"后发制人"，取得满意的谈判结果。

应价方对另一方的报价做出回应，有两种基础的策略可供选择：一种是要求对方降低其报价；另一种是提出己方的报价。比较而言，选择第一种策略可能更为有利。严格地说，不论运用哪种策略，都是己方对报价一方发动的反击，客观上都向对方传递了某些重要信息，包括己方的决心、态度、意愿等。不过，前一种策略表现得更为隐蔽一些，因此，己方既没有暴露自己的报价内容，更没有做出任何相应的让步；而对方往往因对己方的条件缺乏足够的了解，不得不做出某种让步。

3.3 谈判流程第三步——磋商

经过我们前面的接触和交流，现在进入到谈判流程中第三步——磋商阶段。它是商务谈判的核心环节，磋商的过程及其结果直接关系到谈判双方所获利益的大小，决定着双方各自需要的满足程度。因而，选择恰当的策略来规划这一阶段的谈判行为，无疑有着特殊重要的意义。

磋商既是双方求同存异、协商确定交易条件的过程，也是双方斗智斗勇，在谈判实力、经验和智力等诸多方面展开全面较量的过程。磋商阶段包括议价及让步、僵局三个过程。

实战案例3-13

一天，风和日丽，景色宜人。一位漂亮的女孩走进了一家琳琅满目的时装店。

女孩：老板，请问这条裤子多少钱？

老板：180元，广州正宗货，要不要？

女孩：我先看看……

老板：别看了，东西是好东西，给你优惠点，170元。

女孩：这也叫优惠啊？

老板：呵呵，好吧，就140元，这回可以了吧？

女孩：哈哈。

老板：你笑什么，难道嫌贵？

女孩：不，何止是贵，简直就是用水泵抽我的血！

老板：哪里有那么夸张，看你是本地人，就120元吧。

女孩：……

老板：你不会还嫌贵吧？我最多只赚你几块钱。

女孩：不，我没有说贵，这条裤子值这个价钱。

老板：你真有眼光啊，快买吧。

女孩：裤子是好裤子，只是我口袋里的票子有限啊。

老板：那你口袋里有多少钱啊？

女孩：90元。

老板：天啊，你开玩笑，亏死我了，再添10元。

女孩：没的添，我很想给你120元，可无能为力呀。

老板：好吧，交个朋友，你给90元拉倒。

女孩：我不会给你90元的，我还要留10元的车费。

老板：车费？这和你买裤子有什么关系？

女孩：当然，我家很远，必须坐车回去，车费10元。

老板：你骗人！

女孩：相信我！你看我的脸，多么真诚啊。

老板：好吧，痛快些，80元。

女孩：哎，别急，这里的颜色好像有点不对劲啊。

老板：不，不是，这是磨砂颜色，故意弄的，这叫流行。

女孩：是吗，怎么看起来像旧裤子，怪怪的。

老板：什么？你侮辱我人没关系，请你不要侮辱我的裤子。这是真东西。好吧，这是我的进货单，你瞧，上个礼拜进的，这怎么能是旧裤子呢？

女孩：哦，对不起，我误会了，不过……天啊，进货价是20元每条。

老板：哦，不对，不对。这是没有上税前的价钱，缴税后每条成本价是40元。

女孩：你撒谎，你以为我是傻瓜？这是增值税发票，是缴税后的价格。

老板：嘿嘿，做生意吗，我每天门面房租金就上百呢，不赚钱我吃什么？

女孩：光天化日，朗朗乾坤，你心太黑！

老板：嘿嘿，30元行不？我的好妹妹，让我赚点。

女孩：钱是小意思，只是你的行为让我气愤，这简直就是欺骗、敲诈。

老板：妈呀，好夸张。消消火，25元卖给你，就赚五元！

女孩：什么？25就是二百五的意思，你瞧不起我？

老板：没有，没有，就24吧。

女孩：4就是"死"的意思，不吉利，我很迷信的。

老板：天，23没有毛病吧。

女孩：没有，好吧，成交。

通过以上简短的对话，女孩取得了谈判的成功。为什么能取得成功？这需要大家思考。关键点应该是需要我们大致把握谈判双方的基本心理，同时要了解在磋商过程中所使用的基本策略。

3.3.1　议价技巧很重要

议价即讨价和还价。在一般情况下，当谈判一方报价之后，另一方不会无条件地接受这一报价，而是要求报价方提供更优惠的价格，报价方则会要求对方就报价提出自己一方的价格条件。谈判双方于是展开讨价还价。

（1）议价

① 讨价。讨价是谈判中的一方报价之后，另外一方认为离自己的期望目标太远，而要求对方重新报价或改善报价的行为。讨价一般分为三个阶段。

a. 讨价开始阶段，采用全面讨价法，即要求对方从总体上改善报价。

b. 讨价进入具体内容阶段，采用针对性讨价方法，即在对方报价的基础上，针对一些不合理的部分要求改善报价。

c. 讨价的最后阶段，仍采用全面讨价方法，即从总体上要求对方改善价格。

讨价的这三个阶段是可以不断重复、连续进行的过程。讨论次数的多少应根据心中保留价格与对方改善价格的情况而定。谈判中应抓住主要矛盾，对重要、关键的条款予以讨价，要求改善，也可以同时针对若干项，形成多方位强大攻势的讨价，争取得到对方的让步，获得较大的收效。

② 还价。所谓还价，是指谈判一方根据对方的报价和自己的谈判目标，主动或应对方要求提出自己的价格条件。还价通常是由买方在一次或多次讨价后应卖方的要求而做出的。

a. 还价起点。还价起点是指第一次还价的价位。还价起点的确定对谈判的进程有重要影响。对买方来说，还价太高有损己方的利益，还价太低则显得缺乏诚意，均不利于谈判的正常进行。

还价起点受以下三个因素的制约：预定成交价、交易物的实际成本和还价次数。预定成交价是买方根据自己的预算所确定的可以接受的成交价格。从理论上讲，还价起点应在预定成交价之内。

还价必须要考虑对方接受的可能性。事实上，买方的第一次还价很少立即被卖方接受。因此，买方在确定还价起点时应考虑对方的再次攻击及自己的防守余地。若能一次还价成功，还价起点可适当提高一些。

b. 还价时机。还价时机是指何时还价。还价时机选择得当可以减少还价次数，改善还价效果，因此，还价时机是谈判者十分重视的问题。首次还价应在报价方对讨价做出并改善报价后进行，其最佳时机是在报价人对报价做了两次改善之后。

（2）议价方法

① 暂缓议价法。针对对方报价与己方报价过于悬殊而采用的一种方法。在分析的基础上，找出对方报价条款中的不合理之处，逐条与对方协商，目的在于迫使对方撤销原报价，重新考虑比较实际的报价。

② 低价议价法。这是与高报价针锋相对的一种策略。只要理由充分，还价尽可能低，可起到限制对方期望值，纠正讨价还价起点的作用。有时也可

不考虑对方的报价，而由己方采用口头或书面的形式重新报价，探测对方的反应。

③ 列表议价法。把还价问题列成两张表，一张是己方不能让步的问题和交易条件，常可写成合同条款形式；另一张是己方可以考虑让步或给予优惠的具体项目，附上数字，表明让步的幅度和范围。适用于彼此信任度较高、有长期合作关系的谈判。

④ 条件议价法。这是以让步换取让步的方法。如果双方想法和要求差距很大，并且坚持不让步妥协，谈判就会陷入僵局。这种局面是双方都不愿意看到的，为打破僵局，争取谈判成功，常用此法。

（3）议价的语言技巧

① 针对性要强：模糊、啰唆的语言容易使对方疑惑、反感，降低己方威信；在谈判中根据场合、内容、谈判对手，要有针对性使用语言，才能保证谈判成功，如针对脾气暴躁、性格直爽的对手要运用简短明快的语言；针对慢条斯理的对手采用春风化雨般的倾心长谈可能效果更好。

② 表达方式要婉转：谈判中要用委婉的语气，这样容易接受，如否决对方要求时，可以说"您说的有一定道理，但与实际情况稍微有出入"，然后再不露痕迹地表达自己的观点。这样做不伤害对方面子，又让对方认真倾听自己的意见。

谈判高手往往把自己的意见用委婉的方式伪装成对方的意见，以提高说服力。先问对方如何解决问题，当对方做了回答以后，如果所阐述的意见和自己的意见一样，要让对方相信这是他自己的观点。这种情况下，谈判对手有被尊重的感觉，他就会认为反对这个意见就是反对他自己。

③ 灵活应变：谈判中往往会遇到一些尴尬的事情，这要求谈判者要有灵活多变的语言能力，并采取有效的应急手段，巧妙摆脱困境。如当对手逼迫你做出选择时，你说"想一想""暂时很难解决"之类的语言，容易给人造成缺乏主见的感觉。此时你可以看看表，然后礼貌地告诉对方："现在9点了，我得出去一下，与一个朋友通通电话，请稍等5分钟。"于是你就有了思考时间。

④ 恰当地运用无声语言：在某些特殊环境下，使用无声语言或保持沉默比有声语言的效果更好。

3.3.2 让步技巧须得当

谈判本身是一个讨价还价的过程，也是一个理智取舍的过程。在任何一项商务谈判中，谈判双方都必须做出某些让步，可以说，没有让步，也就没有谈判的成功。从某种意义上讲，让步是作为谈判双方谋求一致的手段而存在的，服从于谈判者追求自身最大利益的需要。让步是难免的，在许多情况下，谈判双方常常要做出多次的让步，才能使双方利益逐步地趋于一致。但是，何时让步，在哪些方面做出多大的让步，却又是极为复杂的问题，这与让步的具体方式是直接相关的。

（1）让步技巧

① 有原则的让步。首先决定哪些条件是必须坚持的，哪些条件是可以让步的，然后遵循以下原则进行谈判：一方的让步必须与另一方的让步幅度相同；双方让步要同步进行；为了尽可能满足对方需要，不惜做出让步，但让步是为了换取己方的利益；必须让对方懂得己方每次做出的让步牺牲很大；以适当的速度向预定的成交点靠近，适当的速度是指不要让步太多太快。

② 有步骤的让步。列出让步磋商清单，保持和谐气氛。

③ 有方式的让步。在最需要的时候让步；以乐意换乐意，把让步变成一种条件的交换；运用"弃车保帅"的做法，保持全局优势。总之，要让对方感觉到让步使对手利益遭受很大的损失，进而降低对方的警惕性。

（2）主动让步的策略

① 假设的让步模式。谈判中的让步是涉及谈判双方的行为。一方做出某项让步，常常源于对方的要求，迫于其压力，或者是给予对方的一种回报，也就是说，是对方付出了一定的努力后取得的结果。人们往往很珍惜那些来之不易的成果，而对轻易就可得到的东西则并不珍惜。因此，某项让步是否能取得理想的结果，并不仅仅取决于量的绝对值，还取决于是怎样做出这个让步的，或者说对方是如何争取到这一让步的。

谈判者应避免轻易做出让步，更不能做无谓的让步。在准备做出让步时，要充分考虑到每一次让步可能产生的影响，准确预见对方可能做出的反应，尽量使对方从中获得较大的满足。只有这样，才能坚守每一个让步的阵地，并以此为契机，争取理想的效果。可以通过表3-1来说明这一问题。

表3-1　卖方的让步模式　　　　　　　　　　　　　　　　　　单位：元

让步模式	第一阶段	第二阶段	第三阶段	第四阶段
1	0	0	0	60
2	15	15	15	15
3	24	18	12	6
4	28	20	11	1
5	40	20	0	0
6	6	12	18	24
7	50	10	-2	2
8	60	0	0	0

表3-1是一个假设的卖方让步模式。假设卖方最大的让价金额为60元，让步分成四个阶段进行。不难发现，不同的让步方式所产生的影响及其结果是各不相同的。

第一种模式：这是一种冒险型的让步方式。前三个阶段卖方始终坚持原来的报价，不肯做丝毫退让。意志薄弱的买方可能屈服于卖方的压力，或者干脆退出谈判，而意志坚强的买方则会坚持不懈，继续要求卖方做出让步。而第四阶段卖方的大幅度退让，很可能引发买方提出更高的要求，往往使谈判陷入僵局。

第二种模式：这是一种刺激型的让步方式。这种等额的让步容易使买方相信，只要他有足够的耐性，卖方就将继续做出退让。因此，在第四阶段以后，尽管卖方已无法再做让步，但买方却仍期待卖方进一步的退让。这种让步方式容易导致僵局，甚至造成谈判破裂。

第三种模式：这是一种希望型的让步方式。卖方逐步减少其让价金额，显示出卖方的立场愈来愈强硬，不会轻易让步。对于买方来说，虽然卖方仍存在让步的可能，但让步的幅度是越来越小了。

第四种模式：这是一种妥协型的让步方式。在这里，卖方表示了较强的妥协意思，同时又明确地告诉了买方，所能做出的让步是有限的。卖方在前两个阶段的让步有提高买方期望的危险；但后两个阶段的让步则可让买方意识到，要求卖方做更进一步的退让已是不可能的了。

第五种模式：这是一种危险型的让步方式。前两个阶段大幅度的退让，大大提高了买方的期望水平，而在第三阶段卖方又拒绝做出任何让步，买方往往很难接受这一变化，容易使谈判陷入僵局。卖方虽然在最后又做了一定让步，但与买方的期望值相比，可能仍有很大的差距。

第六种模式：这是一种诱发型的让步方式。这种递增型的让步方式足以使买方相信，只要坚持下去，卖方还将做出更大的退让。买方的期望会随时间的推进而增大。第四阶段以后，卖方虽已无路可退，却又无法取得买方的信任，很容易出现僵局而导致谈判破裂。

第七种模式：这是一种虚伪型的让步方式。这种方式是由第五种让步方式变化而来的。第三阶段的加价显示了卖方更为坚定的立场，第四阶段为表善意而做出的小小退让，目的则在于增强买方的满足感。

第八种模式：这是一种愚蠢型的让步方式。卖方大幅度地退让大大提高了买方的期望水平，买方势必将在随后的几个阶段争取更大的让步。但由于卖方在一开始就将自己的让步余地全部断送，实际上已不可能再做出任何退让。在这种情况下，双方极有可能产生尖锐的对抗。如果不能进行有效的沟通，很容易使谈判陷入僵局。

上述8种模式基本上概括了现实谈判中的各种让步方式。从谈判的实践来看，第三、第四两种方式比较理想；第五和第七种让步方式在运用时需要较高的艺术技巧，风险较大；第一、第六和第八种方式则很少采用。

实战案例3-14

意大利某公司与中国某公司谈判出售某项技术。由于谈判已进行了一周，但仍进展不快，于是意方代表罗尼先生在前一天做了一次发问后告诉中方代表李先生："我还有两天时间可谈判，希望中方配合，在次日拿出新的方案来。"次日上午，中方李先生在分析相关资料后拿出了一份方案，比中方原要求（意方降价40%）改善5%（要求意方降价35%）。意方罗尼先生讲："李先生，我已降了两次价，先降15%，还要再降35%，实在困难。"双方相互评论、解释一阵后，建议休会，下午2：00再谈。下午复会后，意方先要中方报新的条件，李先生将其定价的基础和理由向意方做了解释并再次要求意方考虑其要求。罗尼先生又讲了一遍意方所做的努力，说中方要求太高。谈判到下午4：00时，罗尼先生说："我为表示诚意向中方拿出最后的价格，请中方考虑，最迟明天中午12：00以前告诉我是否接受。若不接受，我就乘下午2：30的飞机回国。"说着从包里抽出了机票。中方把意方的条件理清后（意方再降5%），表示仍有困难，但可以研究。谈判随即结束。中方研究意方价格后希望再压价。明天怎么应答？李先生一方面向领导汇报，与助手、项目单位商量对策；另一方面派人调查是否有明天下午2：30飞意大利的航班。调查结果显示该日下午2：30没有去意大利的飞机。李先生认为意方的最后还价、机票是演戏，判定意方可能还有降价条件。于是在次日上午10点给意方去了电话，表示："意方的努力，中方很赞赏，但离双方的目标仍有差距，需要双方进一步努力。作为回应，中方可以在意方改善的基础上，再降价5%，即从30%降到25%。"

意方听到中方有改进的意见后没有走，但是认为中方要求太高，仍犹豫不决，不肯签约。

案例中，我们可以看出双方谈判人员都有非常丰富的经验，而且谈判富有技巧。从让步方式来看，基本上做到了有原则、有方式、有步骤的让步，而且每一次让步都是互惠的。

资料来源：李炎炎. 国际商务沟通与谈判. 北京. 中国铁道出版社，2006.

② 互惠的让步方式。前面的分析虽然充分考虑了让步对买方的实际影响及其可能产生的结果，但并未涉及买方是否做出相应的让步，以及如何让步的问题。在商务谈判中，让步不应该是单方面的，谈判者要善于通过自己的让步来争取对方的某些让步。互惠的让步方式就是指以本方的让步换取对方在某一

方面的让步，谋求互利结果的一种让步方式。互惠让步方式的实质是以让步换取让步。双方都需要付出一定的代价，然后才能获取相应的利益，并且利益交换的结果对双方而言又都是有利的。从理论上讲，运用这一方式的关键问题是控制让步的事项，即确定在哪些事项上可以向对方做出让步，哪些是不能做出任何退让的。在实际的让步过程中，谈判者应善于透过彼此的分歧发现双方共同的立场和利益所在。除了在那些对己方来说是至关重要的方面必须坚持的外，在有些事项上不要过于固执，应灵活地做出让步，以便使己方的利益在其他方面得到一定的补偿。谈判者可以通过下述两种方式来争取互惠的让步。

a. 对等式让步。谈判双方在某一问题上针锋相对、相持不下时，为了打破僵局，双方做出同等程度的让步。举一个简单例子，如买卖双方的出价分别为80元和100元，双方各让一步，即90元成交。

b. 互补式让步。谈判双方不在同一个问题、同一种利益上对等让步，而是在不同问题或利益上交叉进行让步。例如，一方在价格上做了让步，另一方则在产品品质或交货期、付款方式等方面让步，作为对对方的补偿或者回报。相对于对等式让步，互补式让步更具有灵活性，更有利于促进交易。

（3）迫使对方让步的策略　谈判是一项互惠的合作事业，谈判中的让步也是相互的。但在现实的谈判活动中，谈判双方又各有其追求的目标。在许多情况下，谈判者并不会积极主动地退让，双方的一致是在激烈的讨价还价中逐步达成的。精明的谈判者往往善于运用诱导或施压等策略迫使对方做出让步，从而为己方争取尽可能多的利益。

① 软硬兼施策略。软硬兼施策略也称红白脸策略，就是在谈判人员的角色搭配及手段的运用上软硬相间，刚柔并济。在某一方的谈判班子中，有的人扮演"强硬者"，坚持己方的原则和条件，向对方进行施压，其他的人则以"调和者"的面孔出现，向对方表示友好并予以抚慰。这种做法的效果就是，当"强硬者"寻找借口离开谈判现场之后，对方变得更愿意向扮演"调和者"的"好人"提供更多的材料。从某种意义上讲，这实际上是一种变相的"对比"效应。通常，这种策略在对付那些初涉谈判场合的对手作用较大，而那些谈判老手对此则是会应付自如的。

② 制造竞争策略。当谈判的一方存在竞争对手时，另一方完全可以选择其他的合作伙伴而放弃与原谈判方的谈判，那么，原谈判方的谈判实力就将大大减弱。在商务谈判中，谈判者应该有意识地制造和保持对方的竞争局面。在筹划某项谈判时，可以同时邀请几方，分别与之进行洽谈，并在谈判过程中适当透露一些有关竞争对手的情况。在与其中一方最终形成协议之前，不要过早地结束与另外几方的谈判，以使对方始终处于几方相互竞争的环境中。有的时候，对方实际上并不存在竞争对手，但谈判者仍可巧妙地制造假象来迷惑对

方,以借此向对方施加压力。

③ 虚张声势策略。在有些谈判中,双方在一开始都会提出一些并不期望能实现的过高的要求,随着时间的推移,双方再通过让步逐渐修正这些要求,最后在两个极端之间的某一点上达成协议。谈判者可能会将大量的条件提到议事日程中,其中大部分是虚张声势的,或者是想在让步时给对方造成一种错觉,似乎他们已做出了巨大牺牲,但实际上只不过舍弃了一些微不足道的东西。

过分的要求并不一定表示实力的强大,但却可能动摇对方的信心,迫使其修改自己的期望,并降低自己的目标和要求。

④ 各个击破策略。如果对方的谈判班子由几个成员构成,成员之间必然会存在理解力、意见及经验等方面的差异。这些差异可能在开始时表现得并不明显,然而只要存在极小的差异,就可能会被扩大。利用对方谈判人员之间不一致的方面来分化对手,重点突破,这就是所谓的各个击破。其具体做法是:把对方谈判班子中持有利于本方意见的人员作为重点,以各种方式给予鼓励和支持,与之结成一种暂时的无形同盟,反之则采取比较强硬的态度。如果与你谈判的是由几方组成的联盟,你的对策就是要使联盟的成员相信,你与他们单个之间的共同利益要高于联盟成员之间的利益。

⑤ 吹毛求疵策略。吹毛求疵策略也称先苦后甜策略。它是一种先用苛刻的虚假条件使对方产生疑虑、压抑、无望等心态,以大幅度降低对手的期望值,然后在实际谈判中逐步给予优惠或让步的策略。由于双方的心理得到了满足,便会做出相应的让步。该策略由于用"苦"降低了对方的期望值,用"甜"满足了对方的心理需要,因而很容易实现谈判目标,使对方满意地签订合同,己方从中获取较大利益。

实战案例3-15

橘子熟了,果园里一片繁忙景象。一家果品公司的采购员来到果园,
"多少钱一公斤?"
"2元。"
"1.5元行吗?"
"少一分也不卖。"
目前正是橘子上市的时候,不久,又一家公司的采购员走上前来。
"多少钱一公斤?"
"2元。"
"整筐卖多少钱?"

"零买不卖，整筐1.7元一公斤。"

接着，这家公司的采购员挑出一大堆毛病来，如橘子的质量、大小、色泽等。对方显然不同意他的说法，在价格上也不肯让步。买主却不急于还价，而是不慌不忙地打开筐盖，拿起一个橘子掂量着、端详着，不紧不慢地说："个头还可以，但颜色不够红，这样上市卖不上价呀！"接着伸手往筐里掏，摸了一会儿摸出一个个头小的橘子："老板，您这一筐，表面是大的，筐底可藏着不少小的，这怎么算呢？"边说边继续在筐里摸着，一会儿，又摸出一个带伤的橘子："看，这里还被虫子咬了，也许是雹伤。您这橘子既不够红，又不够大，算不上一级，勉强算二级就不错了。"

这时，卖主沉不住气了，说话也和气了，"您真想要，还个价吧。"双方终于以每公斤低于1.7元的价钱成交了。

第一个买主遭到拒绝，而第二个买主却能以较低的价格成交，这里关键在于第二个买主在谈判中采取了"吹毛求疵"的战术，说出了压价的道理。

⑥ 积少成多策略。积少成多策略也称挤牙膏策略，就是一点一点地迫使对方妥协，使谈判朝有利于己方的方向发展。其基本做法是不向对方提出过分的条件，而是分多次、从不同的侧面向对方提出一些似乎微不足道的要求。随着时间的推移，对方可能会做出一系列小小的让步，到最后才发现，实际上他已做出了极大的让步。

运用这种策略，有时会使对方在不知不觉中就放弃了自己大量的利益。这也提醒我们，在讨价还价过程中，任何急于求成或表现豪放的做法都是不明智的。

⑦ 最后通牒策略。最后通牒策略是谈判者以退为攻，用终止谈判等理由来迫使对方退让的一种策略。在谈判双方的目标差距很大而又相持不下时，谈判一方向对方发出最后通牒，告诉对方"这是我们的最后报价"，或者向对方声明"谈判即将破裂"，往往能迫使对方做出某些让步。

实战案例3-16

艾科卡当年在接手濒临破产的克莱斯勒公司后，感到必须压低工人的工资，以降低成本。他首先把高级职员的工资下调了10%，自己以身作则，年薪从36万美元减为10万美元。随后，他毫不客气地对工会领导人说："17美元一个钟头的活有的是，20美元的一件也没有。现在就好比我用手枪对着你们的脑袋，你们还是明白点的好。"

工会领导人并未答应艾科卡的要求。为此，双方僵持了有一年之久。最后，形势显得非常紧急，不能再拖了，艾科卡于是发出了最后通牒。在一个冬天的晚上，艾科卡来到了工会谈判委员会办公室，对委员们说："在明天早晨以前，你们非做出决定不可。如果你们不帮我的忙，我也叫你们好受不了，明天上午我就可以宣布公司破产。你们还可以考虑八个钟头，怎么办好，随你们便。"最后，工会答应了艾科卡的要求。

在商务谈判中，谈判者固执地坚持自己的立场和观点，往往源于他们对未来所持有的希望。正是因为他们期待出现更好的结果，他们才不愿在现在就做出让步。一旦意识到不做退让就无法将谈判继续下去，他们的立场是会发生某些变化的。

资料来源：李炎炎. 国际商务沟通与谈判. 北京. 中国铁道出版社，2006.

运用最后通牒策略应该注意以下几个问题：

a. 己方的谈判实力应强于对方，该项交易对于对方的重要性超过己方；

b. 谈判人员已使用过其他方法，但效果均不理想，最后通牒成为己方最后的唯一选择；

c. 己方确实已把条件降到了最低；

d. 在经过旷日持久的磋商之后，对方已无法担负失去该项交易而造成的损失，已经到了非与己方达成协议不可的地步。

（4）阻止对方进攻的策略 在商务谈判中，任何一方都可能受到对方的攻击，承受各种直接或间接的压力，或者在对方的逼迫下，或者是在无意识中做出某些让步。让步是必须的，没有适当的让步，谈判就难以继续下去。但是，一味让步又会直接损害己方的利益。因此，在对方的进攻面前，谈判者应善于运用有关策略构筑起有效的防线，以保护自己的利益。

极限策略是一类常用的谈判策略，用来控制谈判的范围。从某种意义上讲，资源确实有其极限，但在大多数情况下，引用极限的目的是使对方处于不利的地位，限制对方采取行动的自由。典型的极限控制策略包括权力极限、政策极限、财政极限等，以下分别予以介绍。

① 权力极限策略。权力极限是利用控制己方谈判人员的权力来限制对方的自由，防止其进攻的一种策略。谈判者的权力是在其职责范围内的支配力量。美国谈判专家霍伯·柯恩则把权力定义为"达成事物的潜力或能力"。显然，谈判者拥有的权力支配着他的行为，权力的大小直接决定了谈判者可能的决策范围与限度。在权力有限的情况下，对方的讨价还价只能局限在己方人员权力所及的范围与限度之内。任何试图超出这一范围与限度去谋求更多利益的努力，都将是徒劳的。

如果你告诉对方："我没有权力批准这笔费用，只有我们的董事长能够批准，但目前他正在非洲进行为期两个月的狩猎旅行，无法与他联系。"那么，对方立刻就会意识到，在这一事项上要求你做出让步将是绝无可能的了。

有些谈判者对加于他们身上的种种限制多有微词。其实，应当烦恼的不该是你而是对方。受到限制的权力，是用来阻挡对方进攻的坚固盾牌，权力有限恰恰意味着力量的无限。当然，这种策略只能在少数几个关键时刻运用，使用过多，对方会认为你缺乏诚意或没有谈判的资格而拒绝与你做进一步的磋商。

② 政策极限策略。这是己方以企业在政策方面的有关规定作为无法退让的理由，阻止对方进攻的一种策略。这一策略与权力极限策略如出一辙，只不过用于限制对方行动自由的不是权力，而是己方所在企业的政策。通常，每一个企业都制定了一些基本的行为准则。这些政策性的规定对企业的生产经营活动具有直接的约束力，企业的谈判人员也必须以此来规范自己的行为。既然谈判者不能偏离企业政策的要求来处理他所面临的问题，那么，对方就只能在本企业政策许可的范围内进行讨价还价。否则，其要求便无法得到满足。

③ 财政极限策略。这是利用己方在财政方面所受的限制，向对方施加影响，达到防止其进攻目的的一种策略。比如买方可能会说："我们非常喜欢你们的产品，也很感谢你们提供的合作。遗憾的是，公司的预算只有这么多。"卖方则可能表示："我们成本就这么多，因此，价格不能再低了。"如此等等。

向对方说明你的困难甚至面临的窘境，往往能取得比较好的效果。在许多情况下，人们对弱者抱有怜悯与同情之心，并乐于提供帮助，使他们能够实现自己的愿望。当对方确信根据你方目前的财政状况，已经难以做出更多让步时，他可能会放弃进一步发动攻势的想法，而立即与你达成一项"皆大欢喜"的协议。

④ 先例控制策略。所谓先例，是指过去已有的事例。引用先例来处理同类的事物，不仅可以为我们节省大量的时间和精力，缩短决策过程，而且还会在一定程度上给我们带来安全感。在商务谈判中，谈判的一方常常引用对他有利的先例来约束另一方，迫使其做出不利的让步。在这种情况下，谈判者就必须采取一些控制措施，以遏止对方的进攻。

谈判中先例的引用一般采用两种形式：一是引用以前与同一个对手谈判时的例子。比如，"以前我们与你谈的都是三年租借协定，为什么现在要提出五年呢？"二是引用与他人谈判的例子。如"既然本行业的其他厂商都决定增加20%，你提出的10%就太低了。"

先例控制的目的在于消除对方欲强加给你的种种限制，从而保护己方的合理利益。当对方使用该策略时，你应该向对方说明，他所引用的先例是一种与目前的谈判无任何关系的模式。因为环境或者某些条件的变化已经使以往的模式不再适用。你还可以告诉对方："如果答应了你的要求，对我们来说等于又开了一个先例。今后我方对其他客商就必须提供同样的优惠，这是我方所无法负担的。至于这次所谓的'先例'是真是假，对方是无从考查的。"

⑤ 疲劳战术。在商务谈判中，有时会遇到锋芒毕露、咄咄逼人的谈判对手。他们以各种方式表现其居高临下、先声夺人的挑战姿态。对于这类谈判者，疲劳战术是一个十分有效的策略。这种战术的目的在于通过许多回合的拉锯战，使这类谈判者疲劳生厌，以此逐渐磨去锐气；同时也扭转了己方在谈判中的不利地位。等到对手筋疲力尽、头昏脑涨之时，己方即可反守为攻，促使对方接受己方的条件。

如果你确信对手比你还要急于达成协议，那么运用疲劳战术会很奏效。采用这种战术，要求己方事先有足够的思想准备，并确定每一回合的战略战术，以求更有效地击败对方的进攻，争取更大的进步。

上面分析了磋商阶段常用的一些谈判策略。这些策略的分类是相对的，并没有固定不变的绝对标准。在运用这些策略时，应该综合考虑实力、环境、竞争等各种因素，在此基础上做出正确的选择。

3.3.3 打破僵局要有道

谈判进入实际的磋商阶段以后，谈判各方往往由于某种原因而相持不下，陷入进退两难的境地。把这种谈判搁浅的情况称为谈判的僵局。僵局之所以会经常产生，其原因就在于谈判各方都有自己的利益。当谈判进展到一定的时期时，由于谈判各方对利益的期望，双方对某一问题的立场和观点确实很难达成共识，甚至相差甚远。当各自又不愿意再做进一步的让步时，就形成了僵局。

妥善处理僵局，必须对僵局的性质、产生的原因等问题进行透彻的了解和分析，以便正确地加以判断，从而进一步采取相应的策略和技巧，选择有效的方案，重新回到谈判桌上。

（1）需要了解僵局形成的原因

① 谈判双方角色定位不均等。当今社会异彩纷呈，企业规模大小不一，参与谈判的企业的实力也未必一致，总有一方强，另外一方弱，这样容易使双方定位发生偏差。如：强者对自己的定位高于对方，在心理上凌驾于对方之上，说话的口气也是"大家之气"，从而忽视谈判双方在谈判地位、人格上的平等性，导致对方不能接受谈判形式或过程，使谈判陷入僵局。

a. 谈判形成一言堂：谈判一方若长时间说话，就会剥夺对方说话的权利；

b. 谈判一方保持沉默或反应迟钝：谈判中保持沉默或反应迟缓，容易让对手猜疑或戒备，引起对方的不满，从而给对方心理造成压力，造成谈判场面的尴尬；

c. 烂施压力和设圈套：在谈判中，常有人凭借自己的经济实力与个人争强好胜的性格，以及心理战术的研究成果向对方施展诡计、设置圈套，迷惑对方。为了阻止阴谋得逞，对方需要花费大量精力破解圈套。有些代表可能会产生被捉弄感，一气之下，造成僵局。

② 事人不分。许多精明的谈判者都十分注意把谈判内容与谈判者个人分开，做到对事不对人。不管你对对方的谈判成员有多么大的意见或多么深的情感，对此你都应该就事论事，做到公正合理，保证双方利益。

a. 借口推脱。如在谈判桌上发现对方谈判人员是比自己小得多的年轻人，觉得有辱自己身份，便起身告辞："对不起，单位里出现××问题，要我速回，谈判工作由×××代替。"这可能使对方很不高兴，容易形成僵局。

b. 立场的坚持。双方各自坚持自己的立场，不会换位思考，彼此都不理解对方所处的立场，谁也不肯放弃自己的立场。

c. 偏激的感情色彩。谈判者对所商谈的议题过分地表现出强烈的个人感情色彩，提出一些不合乎逻辑的议论、意见，形成强烈的个人偏见或成见，引起对方的强烈不满，造成谈判的僵局，甚至使谈判破裂。例如，谈判中的买方认为供货方的要价过高，便喋喋不休地旁征博引，说某企业的货物如何好，条件又如何优惠等，引起供货方的厌烦，导致谈判陷入僵局；再如，谈判一方提出××设备的喷漆不应该用深绿色，而应该用浅绿色，并喋喋不休地指责深绿色对人心理产生的作用，造成僵局。

d. 观点的争执。在谈判过程中，对某一问题双方坚持自己的看法和主张，并且谁也不愿做出让步时，往往容易产生分歧，争执不下，谈判自然陷入僵局。

③ 信息沟通的障碍。由于双方观念差异、习俗差异、语言差异、知识结构、受教育程度的差异，可能造成问题理解差异；由于心理、性格差异所造成的情感差异；由于表达能力和方式的差异所造成的传播障碍，都会使谈判中止。由此使双方不能准确地全面地、真实地进行信息、观念、情感上的沟通，产生误会，陷入僵局。

实战案例3-17

我国曾获得一笔世界银行某国际金融组织贷款，用以建筑一条二级公路。按理说，这对于我国现有筑路工艺技术和管理水平来说是一件比较简单的事情。然而，负责这个项目的某国际金融组织官员，却坚持要求我方聘请外国专家参与管理。这就意味着我方要大大增加在这个项目上的开支，我方表示不能同意。我方在谈判中向该官员详细介绍了我国的筑路经验，并提供了有关资料。这位官员虽然提不出异议，但由于以往缺乏对中国的了解，或是受偏见支配，他不愿放弃原来的要求，谈判陷入了僵局。

在不少国际商务谈判中，由于谈判人员本身观念的差异、专业知识的不足、理解能力的不够容易导致谈判僵局。

④ 谈判者行为的失误。谈判者行为的失误往往会引起对方的不满，使对方产生强烈的对抗，导致僵局。如：个别谈判人员的工作作风、礼节礼貌、言谈举止、谈判方法损害对方的尊严与利益，就会产生对立情绪。或者由于谈判人员的素质欠佳，在使用一些策略时，因时机掌握不好，或运用不当，导致谈判过程受阻及僵局的出现。

⑤ 软磨硬抗式的拖延。谈判者为了达到某种不公开的目的，而采取无休止的拖延。在拖延中软磨硬抗，使对方厌恶，促使对方产生更大的反感，致使谈判陷入僵局和破裂。

⑥ 外部环境发生变化。谈判中因环境变化，谈判者对已做出的承诺不好食言，但又无意签约，于是采取不了了之的拖延战术，最终使对方忍无可忍，造成僵局。例如，市场价格突然变化，如按双方原洽谈的价格签约，必给一方造成损失。若违背承诺又怕对方不肯接受，双方都不挑明议题，形成僵局。

（2）处理僵局的策略

① 休会策略。当谈判僵持不下的时候，休会是缓和谈判气氛、平息愤怒的最好选择。在谈判出现某种障碍时，双方或一方提出休会的请求，使双方有机会恢复和调整策略，但要注意把握火候，否则会适得其反，使僵局更难恢复，以致破裂。因此，我们要注意以下3个方面。

一是把握适合休会的时机，看准对手的态度变化一击即中。下面几种情况可提出休会：谈判双方各持己见，互不让步；在谈判某一阶段接近尾声时；在谈判出现疑难问题百思不得其解时；当一方不满现状时，休会可使他检查自己不满的原因，经过调整后再来谈判。

二是谈判人员应该委婉地讲清休会要求，明确无误地让对方知道你有休会的需要。

三是在休会期间，谈判人员应该集中考虑一些问题。例如，现在谈判已取得了哪些进展？还有哪些问题有待商谈？谈判对手的态度有何变化？自己是否应该调整谈判对策？下一步应该谈些什么？主要谈什么？等等。这样，经过谈判双方在休会期间的准备，新一轮的谈判会更有成效。

② 拖延时间。时间是感情冲动最好的天敌。拖延策略，也就是利用时间来缓解对手的冲动，待其平静后再进行正式的谈判。

对正在气头上的人，不妨说："请慢慢说，先喝一杯茶。"或者说"来，先歇口气，抽支烟。""请稍候，我正好有个长途电话。""哦，吃午饭时间到了，让我们先休会。中午我请客,请务必赏光。"

俗话说:"受敬使人气和,受礼助人消气",上述拖延技巧,都能使对手平静下来,恢复理智。拖延,虽然不能解决问题,但能为问题的解决提供一个良好的感情基础。比如,某单位两位青年为一件小事发生争吵,继而大怒。推推攘攘,一场恶斗一触即发。领导闻讯赶来,但并不马上做工作,而是将两人分开。半小时后把两人召到一起,此时两人再无争斗之意。在谈判中拖延时间,可以淡化感情冲动的色彩。

③ 运用形体动作缓解冲动的策略。首先,运用握手的办法,表示己方的友好和宽容。愤怒者往往指手画脚,拍桌摔物。握手可以客气地制止对手的指手画脚、拍桌摔物的行动。通过控制对手激动的行为,达到调整对手情绪的目的,起到缓和冲动的作用。对手如果拒绝握手,你可以大胆地、合理地借故多次试握。握手是友好的象征,一般情况下断然拒绝握手的对手不多,多次断然拒绝握手的对手更是少见。

其次,劝对方入座。感情冲动基本上都是在站立时发生。有人呼吸加快,手脚微颤,有人跺脚擂胸,脸色苍白或赤红。为了缓解对手的冲动,最好请他们坐下来说话,最好坐在较矮的沙发上,坐着的人是很难大怒的。坐的姿势会大大限制胸部扩张,使其怒气不足。

④ 容人发泄,以柔克刚。有时人们只要发发牢骚,就可以得到心理的平衡。发泄之后,理性会重新指挥发泄者的行动。因而容忍其宣泄,是平息对手感情冲动的一个良方。你正在参加一个谈判,当对手在谈判时破口大骂,发动人身攻击时,你不妨静静地倾听,毫不反驳,并且偶尔还请他继续讲下去,直到他吐完心中的最后一点"余毒"。等待这感情的"巨浪"过去后,再谢谢他这么清楚而激动地说出他的观点。这样的反应往往使对手后悔自己的失态,并以加倍的顺从来弥补自己的过失。相反,如果你没有保持冷静,以怒对怒、以动克动、以气制气的做法势必导致矛盾激化。处于感情冲动中的对手,很难听得进你的说明和辩解。如果对手在感情冲动中冤枉、伤害了你,那么,等他平静后,你再有理有据地解释清楚相关事宜,在以后的继续谈判中能使你处于最有利的位置上。

实战案例3-18

一个顾客找到了店内经理,大声怒斥该店是"骗子,是吸血鬼"。原因是他买了一件羊毛衫,其成分不是纯羊毛的,缩水量过大。经理一眼就看出该顾客手中的那件羊毛衫不是该店出售的,但他没有发火,没有反唇相讥,没做无罪的抗辩,只是静静地倾听。

20分钟后,那位顾客盛怒的"浪潮"过去了,经理笑了笑说:"我很理解你的心情,因为我也是一个消费者。但这件羊毛衫似乎不是我们店出售的。"经理提出了识别的理由。"不过,"经理接着说,"作为一个消费者,作为一个经理,我能帮你什么忙吗?"如果你是顾客,你还会发怒吗?几分钟后,顾客满怀歉意地离开了经理室。经理事后说:"如果我在一开始就说这羊毛衫不是本店出售的,很可能会引来反攻,会延长冲突的时间,败坏本店的声誉(谁也不愿意自己的店里经常发生顾客与职员的争吵),甚至会导致上法院解决的麻烦事。当然,判决我会赢,但它却要耗费我的精力和时间。"

谈判高手都应像这位经理一样,必须具备良好的涵养、度量。

综合以上4点,要根据情况分别采取以下两种基本的态度。当谈判对手有意去刺激你的时候,目的是使你一怒之下贸然行动。这时最忌操之过急,忍耐才是上策。当对方已经发怒的时候,目的是强化对立情绪,对你施加压力,做出让步。这时你要把各种技巧组合实施,以柔克刚。只能智取,不能强夺。

3.4　谈判流程第四步——结束

实战案例3-19

中方某公司向韩国某公司出口丁苯橡胶已有一年。第二年,中方公司根据国际市场行情,将前一年的成交价每吨上调了120美元(前一年为1200美元/吨)。韩方感到可以接受,建议中方到韩国签约。

中方人员一行到了首尔,双方谈了不到20分钟,韩方说:"贵方价格仍太高,请贵方看看韩国市场的价格,三天以后再谈。"

在韩国的市场调查中,批发和零售价均高出中方公司的现报价30%~40%。市场价虽呈降势,但中方公司的出价是目前世界市场最低价。

中方人员电话告诉韩方人员:"调查已结束,得到的结论是,我方来首尔前的报价低了,但为了老朋友的交情可以下调20美元,而不再是120美元。请贵方研究,有结果请通知我们。若我们不在饭店,则请留言。"韩方人员接到电话一个小时后即回电话约中方人员到其公司会谈。

韩方认为,中方不应把过去的价格再往上调。中方认为,这是韩方给我方的权力。中方按韩方要求进行了市场调查,结果应该涨价。韩方希望中方多少降些价,中方认为原报价已降到底。经过几回合的讨论,双方同意按中方来韩国前的报价成交。

对于谈判者来说,如何把握结束谈判的时机,灵活运用某些谈判策略和技巧，做好谈判的收尾工作，同样是决定谈判成败的关键。需要大家思考的是：谈判结束的时候究竟有哪些谈判策略呢？

资料来源：周延波．商务谈判．北京．科学出版社，2006．

3.4.1 谈判结束的标志要弄清

一般来说，谈判进入结束阶段，往往有以下两个明显标志。

（1）达到谈判的基本目标 经过实质性的磋商阶段，交易双方都对原来的立场做出了让步。此时，谈判人员较多地谈到实质性问题，甚至亮出了此次谈判的底牌。如果双方都确定在主要问题上已基本达到了目标，谈判成功就有了十分重要的基础，就可以说促成交易的时机已经到来。

（2）出现了成交信号 在谈判的早期阶段，交易各方可能会大量使用假象、夸张和其他策略手段。但谈判进入到将要结束的阶段时，谈判者将会发出某种信号，显示自己的真实主张。当对方收到这样的信号时，他就会明白，在这些主张的基础上有可能达成交易。各个谈判者实际使用的信号形式是不同的。谈判人员通常使用的成交信号有以下几种。

① 谈判者用最少的言辞阐明自己的立场。谈话中可能表达出一定的承诺意愿，但不包含讹诈的含义。

② 谈判者所提的建议是完整的、明确的，并暗示如果他的意见不被接受，只好中断谈判，别无出路。

③ 谈判者在阐述自己的立场、观点时，表情不卑不亢，态度严肃认真，两眼紧紧盯住对方，语调及神态表现出最后决定和期待的态度。

④ 谈判者在回答对方的问题时，尽可能简单，常常只回答一个"是"或"否"，很少谈论论据，表明确实没有折中的余地。

3.4.2 掌握有效谈判签约策略

商务谈判是双方谋求一致的过程，在完成最后的签约之前，双方的立场和利益始终存在着一定的分歧。即使在缔约过程中，谈判双方的立场已经达到近乎完全一致的程度，但彼此之间的微小差异仍有被扩大的可能。因此，谈判者应珍惜得来不易的谈判成果，设法促成协议的最后缔结。在缔约阶段，谈判者可考虑运用下述谈判策略。

（1）期限策略 所谓的期限策略，是指限定缔约的最后时间，促使对方在规定的期限内完成协议缔结的一种方法。与最后通牒不同的是，期限策略的核心不是设定本方所能接受的交易条件的极限，而是不可逾越的时间界限。当然，期限策略也不同于有意地延长或缩短谈判可用时间的做法。

限定的期限往往会使对方产生沉重的心理压力，迫于此压力，对方常会有种机不可失、失不再来的念头,并成为其采取行动的最直接的动因。事实上,在许多谈判场合,谈判双方都是在期限将至时方达成协议的。当双方已接近最后的妥协时刻,有意识地设定谈判的期限,常常能有效地限制对方的选择余地,促成协议的缔结。当然,在运用这一策略时必须注意,只有在对方比你更需要达成协议的条件下,你所设定的期限才能达到预期的效果。

实战案例3-20

美国某航空公司要在纽约建设一座巨大的航空港,要求爱迪生电力公司按最优价供电。电力公司认为彼有求于我,己方占有主动地位,便故意推说公共服务委员会不批准,不能按最优价供电。在此情况下,航空公司主动中止谈判,扬言如果10日之内不同意按最优价供电的要求,那么他们自己将建厂发电,因为这样比依靠电力公司供电更合算。电力公司得知这一消息后,担心失去赚大钱的机会,立刻改变了态度,还托公共服务委员会前去说情,表示愿意以优惠的价格给航空公司供电。

在谈判中,有时候有针对性地采用谈判期限策略对于那些急于求成的谈判者效果非常明显。

(2)最终报价的策略 一般在谈判的结束阶段,谈判双方都要做出最后一次报价,即最终报价。最终报价不应在争吵中提出,而应在具有建设性的讨论中提出,并且要进行合情合理的陈述。谈判者在做出最终报价时,要注意把握如下几个方面。

① 最后报价,不急表态。当谈判进入收尾阶段时,谈判者一定要正确地评估谈判迈向协议的形势。在各种达成协议的条件都具备的时候,才做出最终出价。如果过早地亮出最后一张"底牌",容易使对方产生得陇望蜀的欲望。对方就可能换个话题,希望得到更多的东西。因此,最好能在对方做出最后报价之后再亮出自己的最终出价。如果出现双方僵持不下的局面,则应该在最后期限前做出最终出价。这一点,往往是对谈判者耐力的考验。越是关键时刻,越要沉住气,不要急于表态。

② 最后让步,幅度小于前次。谈判者可以以上次的报价作为最后报价,明确地告诉对方"这是我方的最后出价",也可以再做些让步作为最后出价,这要视谈判的具体情况而定,没有约定俗成的惯例。但值得注意的是,如果不得不再做些让步的话,最后这次让步的幅度一般要小于前次让步的幅度,使对方感到不再有进一步让步的可能。

③ 最后一次,也有条件。即使在做出最后让步时,也不要忘记附加条件。这里的"附加条件"应包含两层意思:一是以要求对方做出某种让步为条件;

二是以需经己方决策层批准为条件。这样既为是否兑现让步留下余地，也是为了争得对方的积极回应。

3.4.3　谈判结束避免虎头蛇尾

一项商务谈判活动不管进行多久、多少次，总有一个终结的时候，其结果不外乎有两种可能：破裂或成交。无论成败与否，我们都要善始善终，避免虎头蛇尾。

（1）谈判破裂的收尾　谈判破裂意味着谈判的失败，是谈判双方都不愿意发生的事情。但是，谈判破裂又是经常出现的正常现象，其根本原因往往是交易双方的交易条件差距较大，难以通过协商达成一致。当谈判出现这种情况时，谈判人员应注意采用适当的方法正确处理。

① 正确对待谈判破裂。谈判双方达不成一致协议，往往意味着一方对另一方提议的最后拒绝或是双方的相互拒绝。谈判中的最后拒绝必然会在对方心理上造成失望与不快，因而要将由此而造成的失望与不快控制在最小限度内，尽量使对方在和谐的气氛中接受拒绝。所谓"买卖不成仁义在"，双方应含笑握手后离开。

② 把握最后可能出现的转机。当对方宣布最后立场后，谈判人员要做出语言友好、态度诚恳的反应，并争取最后的转机。如在分析对方立场后，可以做以下陈述："贵方目前的态度可以理解，回去后，若有新的建议，我们很乐意再进行讨论。""请贵方三思，如果贵方还有机动灵活的可能，我们将愿陪贵方继续商讨。"这样，对于那种以"结束谈判"要挟对方让步的人网开一面，有时也会使谈判出现"柳暗花明又一村"的局面。

（2）谈判成交的收尾　谈判取得了成果，双方达成了交易，谈判者应该善始善终，做好谈判记录的整理和协议的签订工作。

双方要检查、整理谈判记录，共同确认记录正确无误，在此基础上，双方签订协议（或合同）。协议一经签字后就成为约束双方行为的法律性文件，双方都必须遵守和执行。在签订合同的过程中有如下步骤。

① 合同的拟订。合同的构成如下。

第一，约首。合同的序言部分，其中包括合同的名称、订约双方当事人名称和地址（写明全称）。除此之外，在合同序言中常常写明订立合同的意愿和执行合同的保证。

第二，正文。包括产品名称、商标、型号、厂家、数量、供货时间及数量条款的表述；质量标准、技术标准、供货质量负责的条件和期限条款等；交货地点、方式条款；运输方式、到达站港和费用负担条款的表述；包装标准、包装物的供应与签收和费用负担条款的表述；验收标准、方法及提出异议期限条款的表述；结算方式及期限条款的表述；违约责任条款的表述。

第三，约尾。一般列明合同的份数，使用的文字及其效力，订约时间和地点及生效的时间。合同订约地点往往涉及采用何种法律解决合同争议的问题，如我国出口合同的订约地点一般都写在我国的相应地点。

② 合同的签字。合同的签字一般都需要一定的仪式，尤其是大型商务谈判要特别重视。签字仪式需要做的准备工作有：确定签字仪式的工作人员；做好文本协议的准备，签字场所的选择；签字场所的布置（一般设长方形签字桌，桌面覆盖深色台布，桌后置两把椅子，供双方签字人就座，主左客右，座前桌上摆放各方保存的文本，文本前放置签字用的文具，签字桌中间摆一旗架，如同国内企业签字，则分别摆放座签，写上企业名字，旗架和座签摆设方向与座位方向一致）；明确签字的程序。

另外，在签订合同时需要注意的事项有：避免单方面拟订合同；避免口头协议，无据为凭；避免对方既不是法人也不是法定委托人；避免合约条文太简单，意思不清；注意是否超越了经营范围；要注明违约责任；避免签约没有公证、签章。

③ 合同的遵守。在签订合同以后，就需要谈判双方严格执行合同内容及相关条款，此时也代表谈判结束、合同开始生效。

本章回顾

本章主要介绍商务谈判的开局、报价、磋商、结束四个基本程序以及商务谈判各个程序的处理技巧及基本策略。在策略运用的过程中，使读者能掌握做事的基本方法，形成大局观念，能够利用谈判策略来帮助读者处理日常生活、学习、工作中的一些具体问题。

实战演练3

演练目标

了解商务谈判的基本流程，更深一步认识自己是否适合做商务谈判工作。

情景测试题

1. 你认为商务谈判（　　）。

   A. 是一种意志的较量，谈判对方一定有输有赢

   B. 是一种立场的坚持，谁坚持到底，谁就获利多

C. 是一种妥协的过程，双方各让一步一定会海阔天空

D. 双方的关系重于利益，只要双方关系友好，必然带来理想的谈判结果

E. 是双方妥协和利益得到实现的过程，以客观标准达成协议可得到双赢结果

2. 在签订合同前，谈判代表说合作条件很苛刻，按此条件自己无权做主，还要通过上司批准。此时你应该（　　）。

A. 说对方谈判代表没有权做主就应该早声明，以免浪费这么多时间

B. 询问对方上司批准合同的可能性，在最后决策者拍板前要留有让步余地

C. 提出要见决策者，重新安排谈判

D. 与对方谈判代表先签订合作意向书，取得初步的谈判成果

E. 进一步给出让步，以达到对方谈判代表有权做主的条件

3. 为得到更多的让步，或是为了掌握更多的信息，对方提出一些假设性的需求或问题，目的在于摸清底牌。此时你应该（　　）。

A. 按照对方假设性的需求和问题诚实回答

B. 对于各种假设性的需求和问题不予理会

C. 指出对方的需求和问题不真实

D. 了解对方的真实需求和问题，有针对性地给予同样假设性答复

E. 窥视对方真正的需求和兴趣，不要给予清晰的答案，并可将计就计促成交易

4. 谈判对方提出几家竞争对手的情况向你施压，说你的价格太高，要求你给出更多的让步，你应该（　　）。

A. 更多地了解竞争状况，坚持原有的合作条件，不要轻易做出让步

B. 强调自己的价格是最合理的

C. 为了争取合作，以对方提出竞争对手最优惠的价格条件成交

D. 问对方：既然竞争对手的价格如此优惠，你为什么不与他们合作

E. 提出竞争事实，说对方提出的竞争对手的情况不真实

5. 当对方提出如果这次谈判你能给予优惠条件，保证下次与你进行更大的生意合作。此时你应该（　　）。

A. 按对方的合作要求给予适当的优惠条件

B. 为了双方的长期合作，得到未来更大的生意，按照对方要求的优惠条件成交

C. 了解买主的人格，不要以"未来的承诺"来牺牲"现在的利益"，可以其人之道还治其人之身

D. 要求对方将下次生意的具体情况进行说明，以确定是否给予对方优惠

条件

　　E. 坚持原有的合作条件，对对方所提出的下次合作不予理会

　6. 谈判对方有诚意购买你方整体方案的产品（服务），但苦于财力不足，不能完整成交。此时你应该（　　）。

　　A. 要对方购买部分产品（服务），成交多少算多少

　　B. 指出如果不能购买整体方案的产品（服务），就以后再谈

　　C. 要求对方借钱购买整体方案的产品（服务）

　　D. 如果有可能，协助贷款，或改变整体方案。改变方案时要注意相应条件的调整

　　E. 先把整体方案的产品（服务）卖给对方，对方有多少钱就先付多少钱，所欠之钱以后再说

　7. 对方在达成协议前，将许多附加条件依次提出，要求得到你更大的让步，你应该（　　）。

　　A. 强调你已经做出的让步，强调"双赢"，尽快促成交易

　　B. 对对方提出的附加条件不予考虑，坚持原有的合作条件

　　C. 针锋相对，对对方提出的附加条件提出相应的附加条件

　　D. 不与这种"得寸进尺"的谈判对手合作

　　E. 运用推销证明的方法，将已有的合作伙伴情况介绍给对方

　8. 在谈判过程中，对方总是改变自己的方案、观点、条件，使谈判无休无止地拖下去。你应该（　　）。

　　A. 以其人之道还治其人之身，用同样的方法与对方周旋

　　B. 设法弄清楚对方的期限要求，提出己方的最后期限

　　C. 节省自己的时间和精力，不与这种对象合作

　　D. 采用休会策略，等对方真正有需求时再与其谈判

　　E. 采用"价格陷阱"策略，说明如果现在不成交，以后将会涨价

　9. 在谈判中双方因某一个问题陷入僵局，有可能是过分坚持立场之故。此时你应该（　　）。

　　A. 跳出僵局，用让步的方法满足对方的条件

　　B. 放弃立场，强调双方的共同利益

　　C. 坚持立场，要想获得更多的利益，就得坚持原有谈判条件不变

　　D. 采用先休会的方法，会后转换思考角度，并提出多种选择等策略以消除僵局

　　E. 采用更换谈判人员的方法，重新开始谈判

　10. 除非满足对方的条件，否则对方将转向其他的合作伙伴，并与你断绝一切生意往来。此时你应该（　　）。

A. 从立场中脱离出来,强调共同的利益,要求平等机会,不要被威胁吓倒而做出不情愿的让步
B. 以牙还牙,不合作拉倒,去寻找新的合作伙伴
C. 给出供选择的多种方案以达到合作的目的
D. 摆事实,讲道理,同时也给出合作的目的
E. 通过有影响力的第三者进行调停,赢得合理的条件

第4章
商务谈判的关键技巧
——语言的魅力

商务谈判的过程其实也是谈判者的语言交流过程。在谈判过程中，谈判者通常借助于多种沟通方式进行信息交换。概括而言，沟通的手段可分为"听""说""读""写"和"做"等几个方面。无论从传递信息、获取信息，还是从建立信任、提高效率等角度来看，掌握这些沟通手段和技巧都是十分必要的。语言在商务谈判中犹如桥梁，占有重要的地位，它往往决定了谈判的成败。因而，在商务谈判中如何恰如其分地运用语言技巧，谋求谈判的成功是商务谈判必须考虑的主要问题。通过本章的学习，使读者掌握商务谈判中的语言沟通技巧、沟通时所需注意的事项，积极掌握谈判的主动权，能有效进行商务谈判。同时，根据不同文化风俗恰当运用各种沟通方法，掌握各种沟通方式和技巧。为读者将来在处理有关商务谈判沟通和管理工作时提供有益的参考与借鉴，并为从事商务活动、管理活动奠定坚实的基础。

4.1 谈判语言的魅力

实战案例4-1

材料1：有个皇帝梦到有人拔掉了他所有的牙齿，醒后，要丞相为他解梦。丞相说："陛下家人将比陛下先死。"皇帝大怒，把丞相杀掉了。皇帝又要阿凡提为他解梦，阿凡提说："陛下将比你所有的其他家人都长寿。"皇帝高兴起来，赐给阿凡提一件锦袍。

材料2：俄国伟大的诗人普希金年轻时，有一次在彼得堡参加一个公爵的家庭舞会。他邀请一位小姐跳舞，这位小姐傲慢地说："我不能和小孩子一起跳舞！"普希金灵机一动，微笑着说："对不起，我亲爱的小姐，我不知道你正怀着孩子。"说完，他很有礼貌地鞠了一躬后离开了，而那位小姐无言以对，脸色绯红。

材料3：某将军镇压农民起义时，连连败北，他在给皇帝的奏折中写道"屡战屡败"。他的部下颠倒了一下词序，成了"屡败屡战"。这一改，使这位将军由一个无能的败将变成了一个英勇不屈的战将。

上述三则材料阐述了语言表达的魅力，语言表达的好坏直接关系到个人的机遇、发展、命运。商务谈判过程中更加需要语言技巧。据你所知，谈判中必须把握哪些语言技巧呢？

商务谈判过程是语言交流的过程，谈判的技巧在很多场合可以说是语言的技巧。商务谈判成功与否，在很大程度上取决于语言能否正确表述。谈判的思维活动要运用语言，谈判中的沟通、讨价还价也离不开语言。商务谈判的语言运用是解决谈判问题的主要工具，关系到谈判的成败。一个高明的谈判者往往同时也是运用谈判语言的高手。正如谈判专家指出的那样：谈判技巧的最大秘诀之一，就是善于将自己要说服对方的观点一点一滴地渗进对方的头脑中去。

4.1.1 熟知的谈判语言类型

（1）按照语言的表达方式分类　可分为有声语言、无声语言、书面语言。

① 有声语言。通过人的发音器官来表达语言，一般指口头语言。它是谈判的主体语言。因为谈判桌是一个唇枪舌剑的战场，是一个口头语言高度集中的地方。

② 无声语言。无声语言又称为行为语言或体态语言，是指通过人的形体、姿态等非发音器官来表达的语言，一般理解为身体语言。这种语言是借助人的视觉传递信息、表达态度、交流思想等。

③ 书面语言。书面语言是指以字、义结合而成的，以写和读为传播方式的语言，是口头语言的文字符号形式等。在商务谈判中，书面语言是指商务谈判的文字语言，主要是用来制订谈判计划、拟定谈判方案、记录谈判内容、形成谈判文件的语言符号。

（2）按照语言的表达特征分类　可分为专业语言、法律语言、文学语言、外交语言、军事语言。

① 专业语言。专业语言是指商务谈判过程中使用的与业务内容相关的一些专门或专用术语。谈判业务不同，专业语言也有所不同。如：在国际商务谈判中会涉及"离岸价""到岸价"等术语。在工程建筑谈判中有造价、工期、开工、竣工等。这些专业语言的特征是简练、明确、专一。

② 法律语言。法律语言是指商务谈判业务所涉及的有关法律规定的用语。商务谈判业务内容不同，要运用的法律语言也不同。每种法律语言及术语都有特定的内涵，不能随意解释和使用。通过法律语言的运用可以明确谈判双方各自的权利和义务、权限和责任等。

③ 外交语言。外交语言是一种具有模糊性、缓冲性、圆滑性的弹性语言。在商务谈判中使用外交语言，既可以满足对方的自尊的需要，又可以避免己方失礼；既可以说明问题，又可以为谈判决策进退留有余地。如在谈判中经常提到的"互惠互利、可以考虑、深表遗憾、有待研究、双赢"等语言。外交语言要运用得当，运用过多，容易让对方产生没有合作诚意的感觉。

④ 文学语言。文学语言是具有明显的文学特征的语言，这种语言具有生动、活泼、优雅、诙谐、富于想象、使用范围广等特征。既可以生动说明问题，又可以调节谈判气氛。典型的文学语言有"平分秋色""浑水摸鱼""得寸进尺""春风化雨""山重水复疑无路，柳暗花明又一村""友谊桥梁的架设者""播种友谊"等。

⑤ 军事语言。军事语言是带有命令性特征的用语，这种语言具有干脆、利落、简洁、坚定、自信、铿锵有力的特征。如父母教育孩子说道：这样做事是错误的；上级命令下级说道：你必须……你应该……在商务谈判中，运用军事语言可以起到提高信心、控制情绪、加速谈判进程的作用。

4.1.2 谈判语言的合理运用

不同的谈判语言在谈判过程中都具有不同的作用，因此，合理、有效地运用谈判语言是谈判沟通中的重要问题。合理地运用谈判语言就是有效地组合各种谈判语言，使谈判语言系统的功能达到最大化。谈判语言运用问题，是以对谈判语言运用的影响因素进行分析为前提的。影响谈判语言运用的因素包括谈判内容、谈判对手、谈判进程、谈判气氛、双方的关系和谈判时机。

（1）谈判内容　不同的谈判内容，也即谈判过程中不同的谈判议题，对谈判的语言要求差异较大。在谈判开局阶段的相互介绍中，双方通常是使用交际语言和文学语言来相互交换信息，以交际语言的礼节性和文学语言的生动及感染力渲染出良好的谈判开局氛围；在涉及谈判价格及谈判合同等谈判实质性议题时，谈判语言要起缓冲作用，使用一些军事语言作为支持力量；在涉及谈判分歧时，多以交际语言、文学语言的运用为主，插入适当的商业与法律语言。运用交际语言和文学语言是为了缓解谈判气氛，以交际语言的缓冲性和文学语言的优雅、诙谐性缓解心理压力，降低对立程度，适时地运用商业法律语言以明确阐述自己的观点、立场和条件。在分歧面前，军事语言应谨慎运用，适当地以有节制的军事语言对付对方的出言不逊、傲慢无礼亦有必要。

（2）谈判对手　谈判对手运用谈判语言的影响，与谈判对手的心理与行为状态以及谈判对手对所用语言的反应有关，即谈判对手的心理与行为状态、谈判对手对所用语言的反应是确定谈判语言运用的依据。因此，分析谈判对手对谈判语言运用的影响，就需要考虑谈判对手特征、谈判双方实力对比、与谈判对手关系这三个涉及谈判对手的因素。谈判对手具有社会的、文化的、心理的与个性的特性，如社会角色、价值取向、性格、态度、性别、年龄等特征。谈判者社会的、文化的、心理的与个性的特征是形成并引起谈判者心理与行为状态变化的主要因素，这就要求谈判者必须依据对手特征做出自己的语言选择。在谈判中，双方的实力对比，既影响双方在特定谈判氛围中呈现出的行为与心理状态，也制约着一方对另一方所用语言的反应。

（3）谈判进程　谈判过程的不同阶段，语言运用的差异一般呈现为：在谈判开局阶段，以文学语言、交际语言为谈判语言的主体，旨在创造一个良好的谈判氛围。在进入谈判磋商阶段后，谈判语言主体宜为商业与法律语言，穿插文学语言、军事语言。谈判磋商阶段涉及的是谈判实质性问题，双方将就谈判议题、交易条件等进行辩论或磋商，因此，谈判基础语言应为商业与法律语言。但在阐述观点时，又可用文学、军事语言，以求制造有利的谈判气氛。在谈判终结阶段，谈判的中心议题是签订协议，因此，适宜运用军事语言表明己方立场和态度，并辅之以商业法律语言确定交易条件。

（4）谈判气氛　谈判的结果从本质上讲是没有输赢之分的。但是，谈判的各方都尽力地设法在谈判过程中争取优势，即从各自的角度有区别地接受谈判的条件，不可避免地会产生谈判过程的顺利、比较顺利与不顺利的现象，从而也导致了不同的谈判气氛。谈判者应该把握各种谈判气氛，正确地运用谈判语言以争取谈判过程中的主动。如遇到在价格问题上争执不休时，可以考虑动用幽默语言、威胁劝诱性的语言；在谈判的开始与结束时用礼节性的外交语言等等。

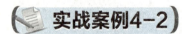

有一次，中国某茶叶企业同英国某贸易公司就购买一批普洱茶进行谈判。在茶叶单价问题上，双方你来我往，讨价还价，过了两个星期仍没结果。这时，中方的首席代表说：瞧，我们双方至今还没有谈出结果。如果奥运会设立拔河比赛的话，我们肯定并列冠军，并载入吉尼斯世界纪录。我敢保证，谁也打破不了这一纪录。此话一出，双方都开怀大笑，打破了沉闷的气氛，随即双方都做出让步，很快达成协议。

当局面陷入僵持的时候，要想方设法打破沉闷的谈判气氛，以此来改变谈判的格局和走势。

（5）双方的关系　谈判的双方就关系来讲，如果是经常接触并已成功地进行过多次交易，那么，双方不仅相互比较了解，而且在谈判中戒备、敌对心理比较少。这时，除了运用一些必要的礼节性的交际语言外，则应该以专业性的交易语言为主，配之以幽默诙谐性语言，使相互间关系更加密切。而对于初次接触或很少接触、或虽有过谈判但未成功的双方来讲，应该以礼节性的外交语言贯穿始终，以使对方感到可信，从而提高谈判兴趣。在谈判中间以专业性的交易语言来明确双方的权利、义务关系，用留有余地的文学语言来维持与进一步地发展双方关系，使对方由不熟悉转变为熟悉，进而向友好过渡。

（6）谈判时机　谈判中语言的运用很讲究时机。时机是否选择得当，直接影响语言的运用效果。如何把握好时机，这取决于谈判者的经验。就一般情况而言，当遇到出乎本方的意料，或者一下子吃不准而难以直接地、具体明确地予以回答的问题时，应选择采用留有余地的弹性语言；当遇到某个本方占有优势、而双方又争执相持不下的问题时，可以选择采用威胁劝诱性语言；当双方在某一问题上争执激烈，有形成僵局或导致谈判破裂时，不妨运用幽默、诙谐性的语言；当涉及规定双方权利、责任、义务关系的问题时，则应选择专业的交易语言。

4.1.3 商务谈判语言的运用原则

在商务谈判活动中，谈判人员不仅要懂得察言观色，同时也要懂得利用表情、手势和抑扬顿挫的语调等种种技巧来表达和强调自己的思想和见解。那么，什么样的语言为成功的谈判语言呢？在商务谈判中运用语言艺术时需遵循如下一些基本原则。

（1）客观性原则　商务谈判语言的客观性是指在商务谈判中运用艺术交流思想、传递信息时，应该以客观事实为依据，并且运用恰当的语言向对方提供令其信服的证据。这一原则是其他原则的基础。无论一个人的语言艺术达到多高的水平，离开这一原则，他所讲的只能是谎言，商务谈判也就失去了存在和进行的意义。

（2）针对性原则　谈判语言的针对性是指在商务谈判中语言运用要有的放矢、对症下药。谈判要根据不同谈判对象、不同谈判话题（对于非核心话题，说话可以稍稍随意一些）、不同谈判目的（为了建立彼此之间良好的关系，可以采用热情、礼貌、友好的语言融洽彼此的关系，在索赔的时候可以更多使用专业的、法律的语言来争取利益）、不同的谈判阶段（开始时以文学、外交语言为主联络感情，谈判中用商业法律语言，并穿插文学、军事语言，结束时以军事语言为主）针对性地采用语言。在商务谈判中，商品种类不同，其谈判内容也会有所差别，这就要求语言要富有针对性。谈判的内容五花八门，仅以贸易谈判而言，就包括商品买卖谈判、劳务合作谈判、租赁谈判等。在每次谈判内容确定之后，除了认真准备相关资料之外，还要考虑谈判时所需要运用的语言，反映出以上提到的这些差异。从使用语言角度来看，如果能把这些差异分析得越细，就越能在谈判中有针对性地使用语言，以保证以后每次洽谈的效果和整个谈判的顺利进行。

（3）逻辑性原则　逻辑性原则是指在商务谈判中的语言艺术运用，要做到概念明确、判断恰当、证据确凿、推理符合逻辑规律、具有较强的说服力。在谈判中，若要提高谈判语言的逻辑性，就必须要求谈判人员既要具备一定的逻辑学知识，又要在谈判前做充分的准备工作，详细掌握大量的相关资料，并加以认真整理，然后在谈判席上以富有逻辑的语言表达出来，为对方所认识和理解。

（4）规范性原则　规范性原则要求在谈判过程中，作为一名合格的谈判人员，必须要做到用语文明礼貌、清晰易懂、抑扬顿挫、准确严谨，不能含混不清，出现地方性语言、口语、方言。表达时要避免吞吞吐吐、词不达意、大吼大叫或感情用事等。

首先，谈判语言必须坚持文明礼貌的原则，必须符合商界的特点和职业道德要求。无论出现何种情况，都不能使用粗鲁的语言、污秽的语言或攻击辱骂的语言。在涉外谈判中，要避免使用意识形态分歧大的语言，如"资产阶级""剥削者""霸权主义"等。其次，谈判所用语言必须清晰易懂。口音应当标准化，不能用地方方言或俗语之类与人交谈。再次，表达时应当注意抑扬顿挫、轻重缓急，避免吞吞吐吐、词不达意、嗓音微弱、大吼大叫，或感情用事等。最后，谈判语言应当准确、严谨，特别是在讨价还价等关键时刻，更要注意一言一语的准确性。在谈判过程中，由于一言不慎导致谈判走向歧途，甚至导致谈判失败的事例屡见不鲜。因此，必须认真思索，谨慎发言，用严谨、精练的语言准确地表述自己的观点、意见。

在商务谈判的实践中，不能单纯强调一方面或偏废其他原则，须坚持上述几个原则的有机结合和辩证统一。只有这样，才能达到提高语言说服力的目的。

4.1.4 谈判语言策略须有效

（1）有声语言表达需准确、合理

① 谈判中语言文字的运用务必要做到严密、准确、谨慎。如唐代大诗人杜甫曾说"吟安一个字，捻断数茎须"。宋代王安石诗词中有"春风又绿江南岸"，用"绿"这个字之前，他想过用"吹""拂"等字，都觉得不合适，没有生机。经过一次又一次的冥思苦想后，觉得用"绿"这个字效果更妙。因此，语言中用好一个字有点石成金之效，谈判中更要注意词句的严密和准确。

② 谈判语言要尽量避免语言歧义和使用生僻词。谈判中特别是书面语言中，尽量要避免生僻词和字，如氢（qìng）、毞（jiè）、刈（yì）。同时，也要避免歧义性字句。

③ 灵活运用修辞来增强语言的感染力。运用修辞的目的就是增强语言的感染力，使语言本身更加富有灵活度，增加语言的幽默程度。如：1789年，法国资产阶级大革命遭到反对势力的反对，这时，一支由500多人组成的义勇军一路高唱《马赛曲》从马赛到巴黎，歌词铿锵有力、富有感染力，歌声很快传遍法国大地。法国民众共同对外（普鲁士、奥地利），英勇杀敌，挽救了法国大革命。再如我国国歌、世界无产阶级《国际歌》，同样具有感染力。

（2）恰当使用无声语言　在商务谈判中，谈判人员要合理地通过肢体语言来增强语言本身的表现力，巧妙地借助"身势语"，使信息表达更准确、生动。

（3）书面语言要严谨　相比生活化的口语而言，书面语言要更加正式、严谨。在商务谈判中,如果使用书面语言进行谈判,谈判人员必须要做到用词准确、严密、富有逻辑性,所表达的意思也必须更清晰、有条理。一旦词不达意,给阅读者或谈判对手带来误解,后果就难以估计。

有声语言我们经常运用,谈判中也不例外。商务谈判中的有声语言主要是通过谈判者之间的听、问、答、辩、说等基本方法来完成的,谈判沟通是否有效主要取决于以上几方面的综合表现。以下将阐述听、问、答、辩、说等各方面的技巧。

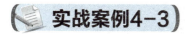

实战案例4-3

一个农夫在集市上卖玉米。因为他的玉米棒子特别大,所以吸引了一大堆买主。其中一个买主在挑选的过程中发现很多玉米棒子上都有虫子,于是他故意大惊小怪地说:"伙计,你的玉米棒子倒是不小,只是虫子太多了,你想卖玉米虫呀?可谁爱吃虫肉呢?你还是把玉米挑回家吧,我们到别的地方去买好了。"

买主一边说着,一边做着夸张而滑稽的动作,把众人都逗乐了。农夫见状,一把从他手中夺过玉米,面带微笑却又一本正经地说:"朋友,我说你是从来没有吃过玉米吗?我看你连玉米质量的好坏都分不清。玉米上有虫,这说明我在种植中,没有施用农药,是天然种植,连虫子都爱吃我的玉米棒子,可见你这人不识货!"接着,他又转过脸对其他人说:"各位都是有见识的人,你们评评理,连虫子都不愿意吃的玉米棒子就好么?比这小的棒子就好么?价钱比这高的玉米棒子就好么?你们再仔细瞧瞧,我这些虫子都很懂道理,只是在棒子上打了一个洞而已,棒子可还是好棒子呀!我可从来没有见过像他这么说话的人呢!"

他说完这一番话,又把嘴凑在那位故意刁难的买主耳边,故作神秘状,说道:"这么大,这么好吃的棒子,我还真舍不得这么便宜地就卖了呢!"

农夫的一席话,借机夸他的玉米棒子个大、好吃,虽然有虫但是售价低等这些特点都表达出来了。众人被他的话语说得心服口服,纷纷掏出钱来,不一会儿工夫,农夫的玉米销售一空。

说话要讲究艺术,这似乎是一个非常简单的问题。因为生活中,语言是人与人之间交流的一种最基本的手段。但同样一句话,不同的人说,效果会不同,反过来说和正过来说效果也不同。在本案例中,农夫就充分运用了语言的艺术,利用不同的表述方式,反映了问题的不同方面,从而使局面由不利转向有利。

4.2 有效倾听

4.2.1 有效倾听的模式

在谈判过程中,听起着非常重要的作用。一方面,听是获取信息的最基本的手段,面对面谈判中大量信息都要靠倾听对方的说明来获得。另一方面,谈判者在谈判过程中对听的处理本身也可以向对方传递一定的信息。认真地听,既能向对方表明你对他的说明十分感兴趣,同时也表示了对对方的尊重,从而能够起到鼓励对方做更多、更充分的阐述,使己方获得更多信息的作用。

听(hearing):能探测到声音。

积极倾听(active listening):积极地感知、解释、评价和响应客户的语言或非语言信息的感知过程。

这个概念指出了倾听的SIER模式:SIER模式认为积极倾听是一个包含四个层次的逐级深化体系,是各个层级的组合体,如图4-1所示。

图4-1 积极倾听的SIER模式

(1)感知(sensing) 即看见、听见或注意到顾客发出的语言或非语言的信息。集中注意力,与顾客进行眼神接触,不打断顾客的谈话,鼓励顾客说出更多的细节,让顾客提供完整的信息,这一切都能提高感知的效果。

(2)解释(interpreting) 即对接收到的信息进行正确解读,明确发送者的真实意图。要准确地解释顾客的语言,就必须注意顾客的形体语言与口头语言,而且还要注意分析信息发送者的经历、知识和态度。在顾客讲完之前,不要去评价所陈述的内容。

(3)评价(evaluating) 当顾客充分陈述完意见后,沟通员需要思考或明确自身是否同意顾客的意见,并从接收到的信息中提炼出(总结出)事实性的结论。

(4)响应(responding) 即在听完之后,对顾客发送的信息做出积极反应。对顾客的响应可以采用点头、微笑等形体语言的形式,也可以采用复述、转述等语言交流的形式。

4.2.2 有效倾听的障碍

谈判过程是一个寻求合作、解决双方所面临的问题的过程。积极地听,显然是谈判者在与对方沟通过程中应当采取的行为。但是,要完整而又准确地理解对方表达的含义和意图并不容易。在沟通过程中，人们面临着多种有效倾听的障碍：一是当人们与他人讲话时，往往只注意与自己有关的内容，或是只顾考虑自己头脑中的问题，而无意去听对方讲话的全部内容；二是受精力的限制，不能够完全听取或理解对方讲话的全部内容；三是在听对方阐述问题时，将精力放在分析、研究自己应当采取的对策上，因而不能完整理解对方的全部意图；四是人们往往倾向于根据自己的情感和兴趣来理解对方的表述，从而很容易误解或曲解对方的意图；五是听讲者的有关知识或语言能力有限，无法理解对方表达的全部内容；六是环境障碍经常会导致人们注意力分散，听的效率降低。这些障碍不仅是一般沟通中所存在的问题，也是谈判沟通中经常面临的问题。

4.2.3　有效倾听的要则

要实现有效倾听，就要设法克服上述障碍。事实上，由于人们精力状况的限制，谈判者不可能在妥当地回答对方的问题的同时，又一字不漏地收集并理解对方全部表达的含义。因此，听的关键在于了解对方阐述的主要事实，理解对方表达的显在和潜在含义，并鼓励对方进一步表述其所面临的问题及有关想法。要达到这些要求，在听的过程中，把握一些技巧是必要的。

（1）耐心倾听　积极有效地听的关键在于谈判者在双方沟通过程中必须要能够耐心地倾听对方的阐述，不随意打断对方的发言。随意打断对方发言不仅是一种不礼貌的行为，而且不利于对方完整而充分地表达其意图，也不利于己方完整而又准确地理解对方的意图。

（2）积极回应　谈判者在耐心倾听对方发言的过程中，还要注意避免被动地听。谈判过程中，沟通的关键在于要达成相互理解。谈判者不仅要善于做一个有耐心的听众，而且要善于做富有同情心、善于理解对方的听众。在听的过程中，应当通过适当的面部表情和身体动作，对对方的表述做出回应，鼓励对方就有关问题做进一步的阐述。

（3）主动地听　谈判过程中，一些聪明的听众能认识到"少说多听"的重要价值，但这不等于只听不说。在听的过程中，谈判者不仅应当对对方已做出的阐述做某些肯定性的评价，以鼓励对方充分表达其对有关问题的看法，而且要利用适当的提问，加深对对方有关表述的理解，引导对方表述的方向。

（4）适当记录　在长时间及较复杂的问题的谈判中，谈判者应考虑对所获得的信息做适当记录，作为后续谈判的参考。当然，在做记录前，应当对现场记录是否与有关文化价值观念相冲突有所了解。在某些文化中，人们将听者记录其言论视为对其发言的重视；而在某些文化中，人们则又认为记录是一种对其不信任的表示；在某些特殊场合中，由于讨论的问题的敏感性，人们则不希望对方进行记录。

（5）多渠道理解倾听信息　听、读和看是谈判者获取信息的三个主要手段。谈判者应当善于把从不同途径、用不同方法获得的信息综合起来进行理解，辨清真伪，判断对方的实际意图。

4.3　耐心询问

4.3.1　提问方式

在问的过程中，谈判人员首先要掌握问的方式。商务谈判中所采用的提问方式包括如下一些方面：

（1）证实性提问　证实性提问就是把对方所说的话重新措辞后，再向对方提出，以期得到对方的证实或补充。比如："您是说贵方同意我方的主张，准备在双边贸易问题上进一步加强合作，对吗？""您的意思是，延缓交货的原因是由于铁路部门未能按时交货，而不是贵方没按时办理托运所致，对吗？"这种提问方式，可表现出对对方所讲问题的重视，也可使提问者发掘充分的信息，以了解对方的诚实程度。

（2）引导性提问　引导性提问就是为引导对方的思维、赞同我方的反应，提出对答案具有强烈暗示性的问题。比如："如果这样的话，对我们双方都有利，对吧？""按每公斤10元的价格成交，贵方不会吃亏吧？"这种提问方式，常常能将对方引导到自己的思路上来，并得到对方的肯定答复。

（3）坦诚性提问　坦诚性提问就是为制造出某种和谐的会谈气氛，当对方陷入困境或有为难之处时，提出一些推心置腹的友好性问题。比如："您是否意识到，我方已为贵方创造了一个很好的机会？""我方已做出了如此之大的让步，难道贵方还有什么问题吗？"这种提问方式，常能缓和僵局，使对方平静下来，重新权衡利弊。

（4）探询性提问　探询性提问就是要求对方给予肯定或否定回答，而使用选择疑问句式的发问。比如："您认为用现汇支付和用实物支付，这两种方式哪种更为合理？""您此行的目的是想尽快做成这笔生意，还是想看看再说？"这种提问方式，能帮助分析对方的底细，防止其虚与周旋、含糊其辞。

（5）封闭性提问　封闭性提问就是为获得特定资料或确切回答的直接提问。比如："贵方10天之内能否发货？""您是否认为代为安装没有可能？"这种提问方式，单刀直入，直接指向问题的要害，具有局限性。对方的回答一般只能用"是""不是"或"能""不能"的形式。

总之，提问时除了善于选择适当的方式外，还应注意提问的言辞、语气和神态。要尊重对方的人格，避免使用讽刺性、审问性和威胁性的提问方式。

4.3.2 提问效果

从提问效果来看，还可以把提问分为有效提问和无效提问两类。有效提问是确切而富于艺术性的一种发问。无效提问是强迫对方接受的一种发问，或迫使他消极地去适应预先制订的模式的一种发问。例如：

① "你根本没有想出一个主意来，你凭什么认为你能提出一个切实可行的方案呢？"

② "你对这个问题还有什么意见？"

③ "不知各位对此有何高见？请发表！"

④ "这香烟发霉吗？"

第①句的提问，是典型的压制性的、不留余地的提问，把对方逼得不知如何回答是好。第②句的提问，是缺乏情感色彩的例行公事式的发问，引不起对方的兴趣。第③句的提问，虽然从表面上看，这种问话很好，但效果很差。大部分与会者会半天不出声。（高见？谁敢肯定自己的见解高人一等呢？谁好意思开口呢？）第④句的提问，是一位顾客在黄梅季节去商店买香烟时，怕香烟受潮发霉随口问的，但他得到的回答是："发霉？请到别处买！"因此，有效的提问要讲究艺术。

发挥有效提问的艺术必须基于下述两个方面：

第一，有效提问，必须于"问者谦谦，言者谆谆"的氛围中进行，这样将给人以真诚和信任的印象，形成坦诚信赖的心理感应，从而使答问者产生平和而从容的感受，达到预期的目的。

第二，有效提问必须使用一定的提问模式，即有效提问＝陈述语气＋疑问语缀。根据这一模式，可将"无效提问"的4个例句改为如下方式：

① "你能提出一个切实可行的方案，这很好，能先说一说吗？"

② "你是能帮助解决这个问题的，你有什么建议吗？"

③ "不知各位意下如何，愿意交流一下吗？"

④ "香烟是刚到的货，对吗？"

据交际学家们的分析，人们的任一发问，几乎都可转化为这种模式，即先将疑问的内容力求用陈述句式表述，然后在陈述句式之后附一些疑问语缀。与此同时配以赞许的一笑，这样的提问就会"有效"。即便是要对方按照你的意见去做，也要用这一模式提问。如"我知道要做很多工作，可是我们必须在今晚干完它，行吗？"这种提问方式能调动对方回答的积极性，启发对方更深层的思考空间，充分满足对方的"社会赞许动机"，即渴求社会评价的嘉许与肯定的心理。这种"提问"之所以有效，是因为陈述句后面加了"疑问语缀"，具有一种向他人征询、洽商，顾及"他尊"的意味，因而导致有效。即便是对孩子也如此，试做比较：

① "伟伟，给叔叔、阿姨唱一首歌！"

② "我家伟伟会唱许多歌，还上了电视，叔叔、阿姨没看到，给叔叔、阿姨唱一首歌，好吗？"

例句①是命令式，没有引发社会评价的嘉许与肯定心理，孩子可能不听从，就是不唱；例句②是征询式，能引发孩子获得嘉许、肯定的表现欲望，有效率极高，幼儿园老师常采用此法。

实战案例4-4

有一个大龄男青年，好不容易与一位姑娘恋爱，多次外出约会，就是难以约成姑娘去饭店、影院。原因之一即在于只用一句疑问句："你饿吗？"或"你想看电影吗？"由于是初恋，姑娘大多摇头。这位大龄男青年回家告诉其母，结果母亲教训他："傻瓜，你不能这样说吗？秀娟，现在我肚子饿了，陪我吃点东西好吗？"结果大龄男青年用此法十试九灵。

案例中，不自觉地运用了有效的提问模式，不同的说话方式其效果是明显不同的。

4.4 陈述得体

谈判人员要做到恰到好处地表述己方的思想观点，准确无误地与对方沟通，应注意以下几点。

第一，在陈述过程中，要注意概念清晰，尽量使用对方听得懂的语言，尤其对专业术语要用通俗语言解释清楚，防止因语言障碍而影响谈判进程乃至谈判结果。

第二，从原则出发，不拘泥于细节。该明确表达的不要拐弯抹角，不要随意发表与谈判主题无关的个人意见。陈述应尽量简洁，避免由于冗长而使对方反感。

第三，谈判中，当对方要你提供具体数字材料，如价值、兑换率、赔偿额、增长率等。若没有确切的数值或材料，宁可不回答或延缓回答，也不做概略描述，以防给对方可乘之机。

第四，肯定性措辞表示不同意。通过强调对手所轻视或忽略的有益之处来替代直截了当地指出对手的错误与不足。

第五，陈述只是在表达自己的观点和建议，因此，要避免攻击性语言，使陈述带有一定的感情，增加对方的认同感。

第六，避免以否定性语言结束会谈。一般而言，结束语宜采用切题、稳健、中肯并富有启发式的语言，并留有回旋余地，尽量避免下绝对性结论。例如这样一个常见的说法："今天的会谈进一步明确了我们彼此的观点，并在××问题上达成了一致看法，但在××问题上还需进一步讨论，希望能在下一次会谈中得到双方满意的结果。"

第七，注意陈述的语气、语调和语速。同一句话，若语气、语调和语速不同，所赋予的含义就不同。比如"您的一番话对我启发很大呀"这样一句话，在谈判中由于语气的不同，可以有赞赏、讥讽、敷衍等意思。在谈判中，通过对方说话的语调，可以发现其感情或情绪的状态。在陈述问题时，要让对方从你的语调中感受到你的坚定、自信和冷静；要避免过于高亢、尖锐或过于柔和、轻细的语调。语速对阐述效果影响也很大，过快对方听不清、记不住；过缓对方会感到拖拉冗长、难辨主次。陈述的语速应快而不失节奏，慢而不失流畅，给人以轻松动听之感。语句之间稍微停顿一下，注意与对方的目光交流，再继续的陈述效果颇佳。

实战案例4-5

奶粉里的苍蝇

一位怒气冲冲的顾客来到乳制品公司，声称他在食用该公司生产的奶粉时发现了一只苍蝇，他要求该公司为此进行赔偿。但事情的真相是，该公司的奶粉经过了严格的卫生处理，为了防止氧化作用，特地将罐内的空气抽空，再充入氮气密封，苍蝇百分之百不能存活。过失明显在于消费者。然而，面对顾客的强烈批评，该公司的老板并没有恼怒，而是耐心地倾听。等顾客说完了之后，他才说："是吗？那还了得！如果是我们的过失，这问题就非常严重了。我一定要求工厂机械全面停工，然后对生产过程进行总检查。"接着，老板进一步向顾客解释："我公司的奶粉，是将罐内空气抽出，再装氮气密封起来，活苍蝇绝不可能，对此我有信心。请您告诉我您使用时开罐的情况和保管的情况好吗？"经过老板的这一番解释，顾客自知保管有误，脸上露出尴尬的神情，说："是吗？我希望以后别再发生类似的事情。"

面对刁难时，陈述的语速应快而不失节奏，慢而不失流畅，给人以轻松动听之感，同时做到要让对方从你的语调中感受到你的坚定、自信和冷静。

资料来源：李炎炎.国际商务沟通与谈判.北京.中国铁道出版社，2006.

4.5 对答如流

商务谈判中,需要巧问,更需要巧答。谈判由一系列的问答所构成,巧妙而得体的回答与善于发问同样重要。因此,谈判者要掌握应答的基本技巧与原则。

4.5.1 答的原则

在谈判的整个问答过程中,往往会使谈判的各方或多或少地感到一股非及时答复不可的压力。在这股压力下,谈判者应针对问题快速反应,做出有意义、有说服力的应答。应答的技巧不在于回答对方的"对"或"错",而在于应该说什么、不应该说什么和如何说,这样才能产生最佳效应。具体应遵循以下原则:

① 早做准备,以逸待劳。在谈判前,预先假设一些难度较大的问题进行研究,制订详细的应答策略。一旦谈判中出现这类问题,马上可以做出答、还是不答或怎样答的反应。

② 对没有弄清对方真正涵义的模糊问题,不轻易回答。可采用证实性提问,让对方重复或证实。或要求其引申、补充,或要求其举例说明,直到弄清其确切涵义,再做相应回答。比如,对方提出:"如果……您将怎么办?"这时,不要轻率地回答该怎么办,最好的回答是:"在我回答这个问题之前,我想知道这种条件下的所有事实。"

③ 对难以回答的问题,可采用拖延应答的方法。比如:"对不起,我还不太明白您的意思。请您再说一遍好吗?"当对方重述时,或许你已想好了应答办法。

④ 对有些犯忌或事关底牌的问题,想回避它,可以采取迂回隐含的应答方法。

⑤ 对对方的质询一般不应针锋相对地直接反驳,而应先尊重对方的意见,然后再提出不同意见。这样的应答往往使对手更容易接受。比如:"是的,您说的不错,我们的轿车是提价了10%,但我们用进口发动机代替了国产发动机,大大提高了轿车的质量。相应地,成本也提高了呀。"

4.5.2 答的技巧

(1)不要彻底回答　当全部回答对方的问话会对己方不利时,可缩小对方的问话范围;或者只回答其中的一部分问题,避开对方问话的主题;或者闪烁其词、似答非答,做非正面的间接回答。比较安全的回答是:

对于这个专门性的问题，通常是这样处理的……

请把这个问题分成几个部分来说。

哦，不！事情并不像所说的那样。

我不同意您这个问题其中的一部分。

（2）不要马上回答　对于未完全了解对方意图的问题，千万不要马上回答。有些问题可能会暴露己方的观点、目的，回答时更要谨慎。对于此类问题，或以资料不全或不记得为借口，暂时拖延；或顾左右而言他，答非所问；或回避话题，提出反问；或把有重要意义的问题淡化，掩盖问题的重要性；或找一些借口谈别的、做别的事情，如去洗手间、突然感到肚子饿了等，有意推托；或提出一项新的建议，转移对方的思路……这样既避开了提问者的锋芒，又给自己留下了一定的思考时间，实为一箭双雕之举。以下是比较安全的回答：

请您把这个问题再说一遍。

我不太了解您的问题。

那不是"是"或"否"的问题，而是程度上"多"或"少"的问题。

我并不是想逃避这个问题，但是……

我想您所问的问题应该是……

是的，我想您一定会提出这个问题的，我会考虑您提的问题。不过，请允许我先问一个问题……

也许您的想法是对的，不过您的理由有一点我不太理解，能否请您再解释一下？

您必须了解症结之所在，许多问题共同导致这个结果。比如……

（3）不要确切回答　在谈判中，有时会遇到一些很难答复或者不便于答复的问题。对于此类提问，并不一定都要回答。要知道有些问题并不值得回答，而且针对问题的回答并不一定就是最好的回答。回答问题的要诀在于该如何回答，而不是回答得对否。所以，有时使用含糊其辞、模棱两可的回答，或使用富有弹性的回答，效果更理想。以下是比较安全的回答：

对于我来说，那……

据我所知……

我不记得了。

我不能谈论这个问题，因为……

对于这种事情我没有经验，但是我曾听说过……

这个变化是因为……

对这个问题，那要看……而定。

至于……那就在于您的看法如何了。

对于这个问题，我们过去是这样考虑的……

（4）降低对方追问的兴致　面对对方连珠炮似的提问，想法使对方降低乃至失去追问的兴趣。比如：鼓励己方做不相关的交谈；倘若有人打岔，就姑且让他打扰一下；讨论某个含混不清而不重要的程序；让某个说话不清且有点不讲道理的人来解释一个复杂的问题等。以下是比较安全的回答：

您必须了解一下历史的渊源背景，那是开始于……

在我回答这个问题前，您必须先了解一下详细的程序……

有时候事情就是这样演变来的。

这是一个暂时无法回答的问题。

这个问题容易解决，但现在不是时候。

现在讨论这个问题为时过早，是不会有什么结果的。

（5）婉言回答　在谈判中，当你不同意对方的观点时，不要直接选用"不"这个具有强烈对抗色彩的字眼，而应适当运用"转折"技巧，巧用"但是"，先予以肯定、宽慰，再用委婉的表示否定的语言来阐明自己不可动摇的立场。既表示了对对方的同情和理解，又赢得了对方的同情和理解。以下是比较安全的回答：

是啊，但是……

我完全懂您的意思，也赞成您的意见，但是……

我理解您的处境，但是……

我很喜欢您这个想法，但是……

如果是……这当然是可以的了。

我实在弄不懂您的提议为什么是合理的，可是……

您说得很有道理，但是……

我也明白价格再低一点会更好卖，但是……

4.6　能言善辩

商务谈判中，有时候需要做一些辩论或解释，如何辩？以下是辩论的关键性原则：

4.6.1　辩论的原则

① 观点明确，事实有力。在辩论时运用客观材料以及所有能支持己方观点的证据，增强自己的辩论效果，反驳对方的观点。

② 思路敏捷，逻辑严密。辩论中应遵循的逻辑规律是同一律、矛盾律、排中律、充足理由律。

③ 掌握原则，不纠缠细枝末节。辩论中要有大局观，把握大方向、大前提、大原则。反驳对方错误观点时，要切中要害，有的放矢。

④ 举止庄重，气度大方。辩论时不要尖声大叫，唾沫飞溅，指手画脚。要端正稳重，对人温和，对事要强硬。良好的举止在一定程度上可以左右辩论气氛。

⑤ 态度客观公正，措辞准确严密。

4.6.2 辩论中应注意的问题

商务谈判中，辩论的目的是为了达成协议，因此，要避免使用以下几种方式。

① 以势压人。辩论时要心平气和、以理服人；切忌摆出一副"唯我独尊"的架势，大发脾气，耍权威。

② 歧视揭短。在辩论中，要注意避免对方有被歧视的感觉，同时要避免揭露别人的伤疤和短处。

③ 预期理由。要注意所提论据的真实性，道听途说或未经证实的论据会给对方带来可乘之机。

④ 本末倒置。要尽量避免发生无关大局的细节之争。

⑤ 喋喋不休。

著名语言学家梅拉比安通过研究发现，对信息的接受者来说，在影响其接受的因素中，7%是所使用的言语；38%是讲话的方式，包括声调、音量、修辞手法等；55%是无声语言信号，如面部表情、身体姿势等。人体语言学认为，不仅人的动作、姿势、表情等传递着丰富的信息，而且通过这些信号所传递的信息往往比语言信号所传递的信息更为真实。也正因为如此，在信息传递的过程中，通过不同信号所释放出来的信息就可能存在某些矛盾，从而对谈判者产生不利影响。有鉴于此，我们不仅要善于观察理解不同的无声语言信号所传递的信息的含义，结合听和读所获得的信息来做出判断；而且要努力保持自身通过不同信号（说、写和做）所传递的信息的一致性。除此之外，在国际商务谈判中，更要注意到不同文化背景下同样的无声语言信号所表达的信息及表达同样的信息所采取的无声语言信号的差异。无声语言技巧包括以下几个方面。

4.7 头语能表意

头语，是指头部活动的语言，主要有点头、摇头。点头可用来表示歉意，表示同意或表示肯定、承认、感谢等。

4.8 眼睛会说话

在商务谈判中，我们要学会观察对手的眼睛，这是非常有必要的。一个资深的谈判人员往往能通过阅读眼睛得到很多意想不到的答案。俗话说眼睛是"心灵的窗户"，善于观察对方眼神所传达出来的信息是谈判人员需要掌握的基本技巧。伟大的印度诗人泰戈尔曾经说过："在眼睛里，思想敞开或者关闭，发出光芒或没入黑暗，静悬如同落月，或是像急闪的电光照亮了广阔的天空。"这些诗句简单来讲就是说人的眼能传神，所以，眼睛具有反映人们深层心理的功能，其动作、神情、状态是最明确的情感表现。在谈判中，我们要正确区分如下眼睛所传递的信息。

① 谈判中，视线接触谈判对手脸部的时间在正常情况下应占全部谈话时间的32%～61%。超过这一平均值，可认为谈判对手对谈话内容很感兴趣；低于这个平均值，则表示谈判对手对谈话内容不怎么有兴趣。

② 不同眨眼频率有不同的意义，常规情况下，一般人的眨眼频率保持在5～8次/分钟，每次眨眼不超过一秒。如果眨眼频率超过5～8次，代表谈判对手神情活跃，对讲话内容非常有兴趣；从眨眼时间来看，如果超过一秒钟，一方面表示厌烦，不感兴趣；从另一方面来看，表示自己比对方优越，对谈判对手不屑一顾。

③ 当倾听谈判对手讲话时，几乎不看对方是试图掩饰的表现。这种情况下，一般是表明该人在某些方面有可能刻意掩饰某些细节而不敢正视谈判人员，例如，对方把卖价抬得偏高或把买价压得过低。

④ 眼睛里瞳孔的大小也代表有不同的信息。一般来讲，瞳孔放大、炯炯有神代表该人处于欢喜或兴奋状态；瞳孔缩小、神情呆滞则代表该人处于消极、戒备状态。

⑤ 视线时时脱离对方，眼神闪烁不定，说明对对方所谈的内容不感兴趣但又不好打断，产生了焦躁情绪。

⑥ 瞪大眼睛看着对方表明对对方所讲内容有很大兴趣。

⑦ 在说话和倾听时，视线与对方一直没有交流，但偶尔瞥一下对方的脸便迅速移开，这种方式通常意味着该人对生意诚意不足或只想占便宜。

⑧ 下巴内收，视线上扬注视对方，表明有求于对方，成交的希望程度比对方高，让步幅度大；下巴上扬，视线向下注视对方，表明自认为比对方有优势，成交的欲望不强，让步幅度小。

4.9 眉毛会传情

眉毛和眼睛的配合非常密切,二者的动作往往共同表达一个含义,但单凭眉毛也能反映出人的许多情绪变化。

① 人们处于惊喜或惊恐状态时,眉毛上耸,如"喜上眉梢"。
② 处于愤怒或气恼状态时,眉角下拉或倒竖,如"剑眉倒竖"。
③ 眉毛迅速地上下运动,表示亲切、同意或愉快。
④ 紧皱眉头,表示人们处于困惑、不愉快、不赞同的状态。
⑤ 眉毛高挑,表示询问或疑问。
⑥ 眉宇舒展,表示心情舒畅。

4.10 嘴部动作有深意

人的嘴除了说话、吃喝、呼吸之外,还可以通过许多动作来反映人的心理状态。不同嘴部动作有不同的含义,具体如下:

① 嘴巴紧紧地抿住,往往表示意志坚决。
② 噘起嘴是不满意和准备攻击对方的表示。
③ 遭到失败时,咬嘴唇是一种自我惩罚的运用,有时也可解释为自我解嘲和内疚的心情。
④ 注意倾听对方谈话时,嘴角会稍稍向后拉或向上拉。
⑤ 不满和固执时嘴角向下。

4.11 上肢语较多变

上肢语主要是指手语,该肢体语言使用范围较广,使用频率较高。握手的次序、握手的方式有很大差别。也有用其他动作来代替手语,如日本以鞠躬做送客的礼节。中国人将食指伸出向下弯曲表示数字"9",美国人用食指和拇指合成圆形表示"OK"。

4.11.1 手势

手势是说话者运用手掌、手指、拳和手臂的动作变化来表达思想感情的一种体态语言。手势是谈判者在交谈中使用得最多、也最灵活方便的行为语言,有极强的吸引力和表现力。借助手势或与对方手与手的接触,可以帮助我们判断对方的心理活动或心理状态,同时,也可帮助我们将某种信息传递给对方。

① 掌心向上的手势，常表示谦虚、诚实、屈从，不带有威胁性；掌心向下的手势，常表示控制、压抑、压制，带有强制性；伸出并敞开双掌，常表示坦白、诚恳、言行一致。

② 食指伸出，其余手指紧握，呈指点状，常表示教训、指责、镇压；把拇指指向对方，常表示诬蔑、藐视、嘲弄；双手相握或不断玩弄手指，常表示犹豫、为难、缺乏信心；把手指放在嘴前，或轻声吹口哨，常表示紧张、担心、束手无策。

③ 稍握拳头，置于胸前，手指曲动，常表示犹豫、疑虑、忐忑不安；紧握双拳，手心出汗，置于椅背或腿部，常表示愤怒、烦躁、急于攻击。

④ 双臂紧紧交叉于胸前，身体稍前倾，往往表示防备、疑窦；两臂交叉于胸前并握拳，往往是怀有敌意的标志；两臂置于脑后，十指交叉，搂住后脑，身体稍后仰，往往表示权威、优势和信心。

⑤ 用手指或手中的笔敲打桌面，或在纸上乱涂乱画，往往表示对对方的话题不感兴趣、不同意或不耐烦的意思。这样做，一方面可以打发和消磨时间，另一方面也起到暗示或提醒对方注意的作用。

⑥ 不时用手敲脑袋，或用手摸头顶，表示正在思考。

⑦ 一手托腮，手掌撑住下巴，身体微倾向前，头稍往后仰，眼皮半闭垂下，表示正在做决断性的思考。

⑧ 手与手连接置于胸腹部，是谦逊、矜持或略带不安的心情的反映。在给获奖运动员颁奖之前，主持人宣读比赛成绩时，运动员常常有这种动作。

⑨ 吸手指或指甲。成年人做出这样的动作是个性或性格不成熟的表现，可谓之"乳臭未干"。

⑩ 其他手势。十指交叉，或放在眼前，或置于桌前，或垂右腹前，常表示紧张、敌对和沮丧。指端相触，撑起呈塔尖式，男性塔尖向上，女性塔尖向下，常表示自信；若再伴之以身体后仰，则通常可表现出讲话者的高傲与独断的心理状态，起到一种震慑听话者的作用。搓手，常表示谈判者对某一结局的急切期待。背手，常显示一种权威；若伴之以俯视踏步，则表示沉思。

实战案例4-6

一位美国工程师被公司派到他们在德国收购的分公司，和一位德国工程师并肩作战。当这个美国工程师提出建议改善新机器时，那位德国工程师表示同意并问美国工程师自己这样做是否正确。这个美国工程师用美国的"OK"手势给予回答。那位德国工程师放下工具就走开了，并拒绝和这位美国工程师进一步交流。后来，这个美国工程师从他的一位主管那里了解到该手势是对德国人极大的侮辱。

思考：
（1）一般来说，"OK"手势具有什么含义？
（2）怎样避免案例中情况的发生？

4.11.2 握手的"语言"

握手的动作源自原始时代。原始人在狩猎或战争时，手中常持有石块和棍棒等武器。如果是没有任何恶意的两个陌生人相遇，常常是放下手中的所有东西，并伸开手掌，让对方摸一摸自己的掌心，以此来表示手中未持武器。久而久之，这种习惯逐渐演变成为今天的"握手"动作。原始意义上的握手不仅表示问候，而且也表示一种信赖、契约和下保证之意。标准的握手姿势应该是用手指稍稍用力握住对方的手掌，对方也用同样的姿势用手指稍稍用力回握。用力握手的时间约为1~3秒钟。如用力回握，用力握手的时间应恰当；若双方握手的姿势与标准姿势不符时，除了有问候、礼貌、以外的附加意义之外，主要还包括以下几种含义。

① 如果感觉对方手掌出汗，表示对方处于兴奋、紧张或情绪不稳定的心理状态。

② 如果对方用力握手，则表明此人具有好动、热情的性格，这类人做事往往喜欢主动。美国人大都喜欢采用这种握手方式，这主要与他们好动的性格是分不开的。如果感觉对方握手不用力，一方面可能是该人个性懦弱、缺乏气魄，另一方面可能是该人傲慢矜持、爱摆架子。

③ 握手前先凝视对方片刻，再伸手相握，在某种程度上，这种人是想在心理上先战胜对方，将对手置于心理上的劣势地位。先注视对方片刻，意味着对对方的审视，观察对方是否值得自己去同其握手。

④ 掌心向上伸出与对方握手，往往表现其性格软弱，处于被动、劣势或受人支配的状态。在某种程度上，手掌心向上伸出握手，有一种向对方投靠的含义。如果是掌心向下伸出与对方握手，则表示想取得主动、优势或支配地位，另外，也有居高临下的意思。

⑤ 用双手紧握对方一只手，并上下摆手，往往表示热烈欢迎对方的到来，也表示真诚感谢，或有求于人，或肯定契约关系等含义。在荧屏上或是生活现实中，我们常常可以看到，人们为了表示感谢对方、欢迎对方或恳求对方等，往往会用双手用力去握住对方的一只手。

知识拓展4-1

握手礼仪

谈判双方人员见面和离别时一般都以握手作为友好的表示。握手的动作虽然平常简单，但通过这一动作，确能起到增进双方亲密感的作用。一般情况下，主动和对方握手，表示友好、感激或尊重。

在客人前来拜访时，主人应先伸出手去握客人的手，用以表示欢迎和感谢；

主、客双方在别人介绍或引见时，一般是主方、身份较高或年龄较大的人先伸手，借此表示对客方、身份较低或年龄较轻者的尊重。握手时应欠身、面带笑容或双手握住对方的手，以表示对对方的敬意；

在异性谈判人员之间，男性一般不宜主动向女方伸手；

谈判双方握手的时间，以3～5秒为宜；

握手时，一般应走到对方的面前。不能在与他人交谈时，漫不经心地从侧面与对方握手；

握手者的身体不宜靠对方太近，但也不宜离对方太远；

双手握手时用力的大小，常常表示感情深浅的程度；

握手者的面部表情是配合握手行为的一种辅助动作，理应面带微笑，通常可以起到加深情感、加深印象的作用。

4.12 下肢语须留意

下肢中，主要通过腿和足部来传递信息。这些往往是我们忽略的部位，也不太注意观察，但是，它们也是最先表露潜意识情感的部位，所以，在谈判中，我们需要仔细区分下肢动作的具体含义。

① "二郎腿"：与对方并排而坐时，对方若架着 "二郎腿" 并且上身向前向对方倾斜，意味着合作态度；反之则意味着拒绝、傲慢或有较强的优越感。相对而坐时，对方架着 "二郎腿" 却正襟危坐，表明他是比较拘谨、欠灵活的人，且自觉处于很低的交易地位，成交期望值很高。

② 架腿（把一脚架在另一条腿膝盖或大腿上）：初次与对方打交道时就采取这个姿势并仰靠在沙发靠背上，通常带有倨傲、戒备、怀疑、不愿合作等意味。若上身前倾的同时又滔滔不绝地说话，则意味着对方是个热情但文化素质较低的人，对谈判内容感兴趣。如果频繁变换架腿姿势，则表示情绪不稳定，焦躁不安或不耐烦。

③ 并腿：交谈中始终或者经常保持这一姿势并且上身直立或前倾的对

手，意味着谦恭、尊敬，表明对方有求于你，自觉交易地位低下，成交期望值很高。时常并腿后仰的对手大多小心谨慎，思虑细致全面，但缺乏自信心和魄力。

④ 分腿：双膝分开、上身后仰者，表明对方是充满自信、愿意合作、自觉交易地位优越的人，但要指望对方做出较大让步是相当困难的。

⑤ 摇动足部，或用足尖拍打地板，或抖动腿部，都表示焦躁不安、无可奈何、不耐烦或欲摆脱某种紧张情绪。

⑥ 双脚不时地小幅度交叉后又解开，这种反复的动作就表示情绪不安。

4.13 腰腹语极丰富

腰、腹部是人的中枢部位，它的动作也有丰富的含义。我国的谈判人员一般都很重视谈判对手腹部的精神含义，它是高级精神活动与文化的渊源，也是知识、智慧、能力、素养的储蓄所。

① 弯腰动作。比如鞠躬、点头哈腰属于低姿势，把腰的位置放低，精神状态随之"低"下来。向人鞠躬表示某种"谦逊"的态度或尊敬。如在心理上自觉不如对方，甚至惧怕对方时，就会不自觉地采取弯腰的姿势。"谦逊"再进一步，即演变成服从、屈从，心理上的服从反映在身体上就是一系列在居于优势的个体面前把腰部放低的动作，如跪、伏等。因此，弯腰、鞠躬、作揖、跪拜等动作，除了具有礼貌、礼仪的意义之外，都是服从或屈从对方、压抑自己情绪的表现。

② 挺直腰板，使身体及腰部位置增高的动作，则反映出情绪高昂、充满自信。经常挺直腰部站立、行走或坐下的人往往有较强的自信心及自制和自律的能力，但为人可能比较刻板，缺少弹性或通融性。

③ 手插腰间，表示胸有成竹，对自己面临的局面已做好精神上或行动上的准备，同时也表现出某种优越感或支配欲。有人将这视作领导者或权威人士的风度。

4.14 其他姿势语须了解

① 交谈时，对方头部保持中正，时而微微点点头，说明他对讲话人的讲话既不厌烦，也非常感兴趣；若对方将头侧向一边，尤其是倾向讲话人一边，则说明他对所讲的事很感兴趣；若对方把头垂下，甚至偶尔合眼似睡，则说明他对所讲的事兴趣索然。

实战案例4-7

2008年，日本的一家半导体公司打算向美国一家公司购买其生产技术，美国公司对该技术进行了首次报价，为600万美元。日本公司按照本国习惯沉默了半分钟，美国公司对此深感不安，以为日本公司觉得报价太高，于是就主动降低价格至540万美元。日本公司对此既高兴又深感不惑。因为他们来之前对该技术做了信息收集，该技术的价值同美国公司的最初的报价是相符的。对此，日本公司将计就计，继续保持沉默，美国公司就继续降价至480万美元，日本公司继续不表态。最后，美国公司提出最后一次报价420万美元，这时候，日本公司一拍桌子并露出了久违的笑容，同意成交。日本公司在此次谈判中收获了意想不到的成功。

沉默作为无声语言的一种交际形式，在商务谈判中有时会起到意想不到的效果。

② 谈话时，对方不断变换站、坐等体位，身体不断摇晃，常表示他焦躁和情绪不稳；不时用一种单调的节奏轻敲桌面，则表示他极度不安，并极具警戒心。

③ 交谈时，对方咳嗽常有许多含义，有时是焦躁不安的表现，有时是稳定情绪的缓冲，有时是掩饰说谎的手段，有时听话人对说话人的态度过于自信或自夸表示怀疑或惊讶而用假装清清喉咙来表示对他的不信任。

④ 洽谈时，若是戴眼镜的对方将眼镜摘下，或拿起放在桌上的眼镜把镜架的挂耳靠在嘴边，两眼平视，表示想用点时间稍加思考；若摘下眼镜，轻揉眼睛或轻擦镜片，常表示对争论不休的问题厌倦或是喘口气准备再战；若猛推一下眼镜，上身前倾，常表示因某事而气愤，可能进行反攻。

⑤ 拿着笔在空白纸上画圈圈或写数字等，双眼不抬，若无其事的样子，说明已经厌烦了；放下手中物品，双手撑着桌子，头向两边看看后，双手抱臂向椅子上一靠，暗示对方：没有多少人爱听你讲话了，随你讲吧；把桌上的笔收起，本合上，女士则照照镜子或拢拢头发、整整衣裙，都是准备结束的架势，表明厌烦。

⑥ 扫一眼室内的挂钟或手腕上的表，收起笔，合上本，抬眼看着对手的眼睛，似乎在问："可以结束了吧？"，这种表现足以说明"别谈了"的意思；给助手使个眼神或做个手势（也可小声说话），不收桌上的东西，起身离开会议室，或在外面抽支烟、散散步，也表明对所言无望，可以结束谈判了。

本章回顾

通过本章的内容，使读者掌握商务谈判中的语言与非语言沟通技巧、沟通时所需注意的事情。积极掌握谈判的主动权，能有效进行商务谈判。同时根据不同文化风俗恰当运用各种沟通方法，使读者能进行有效沟通，为读者处理有关商务谈判、管理工作提供有益的参考与借鉴，并奠定从事商务活动、管理活动的坚实基础。

实战演练4

演练目标

本演练题目是测试谈判者语言能力及交际技巧，通过测试来了解自己对有声语言和无声语言运用能力。

情景测试题

善于交谈的人，能够左右逢源，不善于表达的人，总是很被动。如果你想知道自己与他人的交谈能力，就请进行以下测试。请将你选好的答案代号填入小括号内。

评分标准：选A（肯定）记3分；选B（有时）记2分；选C（否定）记1分。

1. 你是否时常避免表达自己的真实感受，因为你认为别人根本不会理解你？（   ）

2. 你是否觉得需要自己的时间、空间，一个人静静地独处才能保持头脑清醒？（   ）

3. 与一大群人或朋友在一起时，你是否时常感到孤寂或失落？（   ）

4. 当一些与你交往不深的人对你倾诉他的生平遭遇以求同情时，你是否会觉得厌烦甚至直接表现出这种情绪？（   ）

5. 当有人与你交谈或对你讲解一些事情时，你是否时常觉得百无聊赖，很难聚精会神地听下去？（   ）

6. 你是否只会对那些相处长久，认为绝对可靠的朋友才吐露自己的心事与秘密？（   ）

7. 在与一群人交谈时，你是否经常发现自己驾驭不住自己的思路，常常表现得注意力涣散，不断走神？（   ）

8. 别人问你一些复杂的事，你是否时常觉得跟他多谈简直是对牛弹琴？（   ）

9. 你是否觉得那些过于喜爱出风头的人是肤浅的和不诚恳的？（   ）

第5章
详解国际商务谈判

国际商务谈判不仅在国际商务活动中占据相当大的比重，而且具有相当重要的地位。谈判的成功与否直接关系到整个国际商务活动的效果，关系到企业能否在一个新的海外市场建立必要的销售网络、获得理想的合作伙伴、获得进入市场的良好途径等。一个国内谈判高手并不必然是一个成功的国际商务谈判专家。要能在国际商务谈判中取得满意的效果，必须要充分理解国际商务谈判的特点和要求。这不仅对那些以国际市场为舞台的企业经营者们来说是必要的，而且对所有参与国际商务活动、希望取得理想效果的人们来说，都是必要的。本章将阐述国际商务谈判的特点和要求，介绍一些典型国家和地区人们的谈判特点和风格。

随着经济全球化趋势越来越明显，不仅国家与国家之间的经贸联系不断加强，而且越来越多的企业的经营也在不断趋于国际化。形式多样的国际商务活动，包括不同国家经济主体相互之间商品和劳务的进出口、技术转让、设立独资和合资企业等，日渐成为企业经营活动，特别是成为以国际市场为主要舞台的跨国公司活动的主要内容。与国内商务活动一样，国际商务活动同样是建立在人与人之间交往基础之上的。有关数据研究显示，在商务活动过程中的销售人员、管理人员、律师、工程技术人员等群体大约要花费50%的工作时间在商务谈判活动上。其中，与之交往的谈判对手大多是来自不同文化背景、不同国家、不同风格的人员，这也就涉及我们经常谈到的国际商务谈判。

5.1 内外谈判必有别

 实战案例5-1

在餐厅，倒满啤酒的杯中发现了苍蝇。

英国人以绅士风度吩咐侍者："换一杯啤酒来。"

法国人干净利索地将啤酒倾倒一空。

西班牙人不去喝它，只留下钞票，不声不响地离开餐厅。

日本人会让侍者把餐厅经理叫来，训斥一番："你们就是这样做生意吗？"

美国人比较幽默，他会对侍者说："以后请将啤酒和苍蝇分别放置，由喜欢苍蝇的主人自行将苍蝇放进啤酒里，你觉得怎么样？"

以上案例简单说明了由于文化的差异，不同国家的人员的处事风格也完全不一样。试问自己，我们了解多少国家的风俗习惯以及谈判风格呢？不妨将我们自己所了解的分享一下。

5.1.1 国际谈判与国内谈判的异同

从事商务活动，有可能是国际商务谈判，也有可能是国内商务谈判。国内商务谈判和国际商务谈判是商务活动的两个必要组成部分，也是企业发展国内外市场业务的重要手段。国际商务活动是国内商务活动的延伸，国际商务谈判则也可以视为是国内商务谈判的延伸和发展。尽管国内商务谈判和国际商务谈判之间存在着十分明显的区别，但两者之间也存在着十分密切的联系，存在着许多共性，具体如下：

（1）为特定目的与特定对手的磋商　国内商务谈判和国际商务谈判同样都是商务活动主体为实现其特定的目的而与特定对手之间进行的磋商。作为谈判，其过程都是一种双方或多方之间进行信息交流，"取"与"予"兼而有之的过程。谈判过程中所适用的大多数技巧并没有质的差异。

（2）谈判的基本模式是一致的　与国内商务谈判相比，国际商务谈判中必须要考虑到各种各样的差异，但谈判的基本模式仍是一致的。事实上，由于文化背景、政治经济制度等多方面的差异，谈判过程中信息沟通的方式、需要讨论的问题等都会有很大的不同。但与国内商务谈判一样，国际商务谈判也同样遵循从寻找谈判对象开始，到建立相应关系、提出交易条件、讨价还价、达成协议，直至履行协议结束这一基本模式。

（3）国内、国际市场经营活动的协调　国内商务谈判和国际商务谈判是经济活动主体从事或参与市场经营活动的两个不可分割的组成部分。尽管国内商务谈判和国际商务谈判可能是由不同的人员负责进行，但由于企业必须保持其国内商务活动和国际商务活动的衔接，国内谈判与国际谈判之间就存在着密不可分的联系。在从事国际商务谈判时，必须要考虑到相关的国内商务谈判的结果或可能出现的状况，反之亦然。

在认识到国际商务谈判与国内商务谈判的共性特征的同时，对于要取得国际商务谈判的成功而言，认识到这两种谈判之间的区别，并进而针对区别采取有关措施，是更为重要的。国际谈判是跨越国界的谈判。谈判的根本区别源于谈判者成长和生活的环境及进行谈判活动与谈判协议的环境的差异。在国际商务谈判中，谈判双方来自不同的国家，拥有不同的文化背景，生活于不同的政治、法律、经济、文化和社会背景之中，这种差异不仅形成了人们在谈判过程中的谈判行为的差异，而且还将会对未来谈判协议的履行产生十分重大的影响。比较而言，由于上述背景的差异，在国际谈判中，谈判者面临着若干在国内谈判中极少会出现的问题。

① 语言差异。国内谈判中，谈判双方通常不存在语言差异（谈判者通常均认同并能使用共同的官方语言），从而也就不存在由于使用不同语言而可能

导致的相互信息沟通上的障碍。但在国际谈判中，语言问题及由此而引起的其他问题始终值得引起谈判者的注意。即便是在使用同样语言的国家，如使用英语的美国和英国，在某些表达上仍旧存在着一定的差异。语言差异，特别是在两种语言中都有类似的表达，但含义却有很大差别时，以及某种表达只在一种语言中存在时，极其容易引起沟通上的混淆。如在中国，政府管理企业的方法之一是根据企业经营管理状况及企业规模等评定企业的等级，如"国家一级企业""国家二级企业"等。在美国则没有这种概念，简单地将"一级企业""二级企业"解释为"first class enterprise"和"second class enterprise"，很难让对方理解这种表达的含义，起不到在国内谈判中同样表达所能起到的效果，并且有可能使对方产生误解，如将"二级企业"理解为"二流企业"。在拟订谈判协议时，语言差异问题更值得谈判人员深入地分析和研究。

② 沟通方式差异。不同文化的人群有其所偏好和习惯的沟通方式。国际谈判中的双方经常属于不同的文化圈，有各自习惯的沟通方式。习惯于不同沟通方式的双方之间要进行较为深入的沟通，往往就会产生各种各样的问题。在高内涵文化国家，人们的表达通常较为委婉、间接；而在低内涵文化的国家，直截了当的表达则较为常见。高内涵文化的谈判者比较注重发现和理解对方没有通过口头表达出的意思，而低内涵文化的谈判者则偏爱较多地运用口头表达，直接发出或接受明确的信息。来自这两种不同文化的谈判者在进行谈判时，很可能出现这样的结果：一方认为对方过于粗鲁；而另一方则可能认为对方缺乏谈判的诚意，或将对方的沉默误解为对其所提条件的认可。

沟通的差异不仅表现为直接或间接的表达方式，还表现为不同国家或地区的人们在表达过程中动作语言（人体肢体语言）运用上的巨大差异。有些国家或地区的人们在进行口头表达的同时，伴随以大量的动作语言，而另一些国家或地区的人们则不习惯在较为正式的场合运用过多，特别是身体动作幅度较大的动作语言。值得注意的是，与口头和书面语言一样，动作语言同样也表现出一定的地域性。同样的动作在不同的国家或地区可能出人意料地完全不同，甚至会有截然相反的含义。动作语言的差异，同样会给谈判中的沟通带来许多问题。

实战案例5-2

一个到日本去谈判的欧洲某国商务代表团，碰到这样一件尴尬的事：直到他们要打道回府，才知道贸易业务遇到了语言障碍，没有了达成协议的期望。因为在谈判时，就价格的确定上，开始没有得到统一。谈判快要告一段落时，欧洲某国商务代表团在价格上稍微做了点让步，这时，日本方面的回答是"Hi（嘿）"。结束后，欧洲该国的商务代表团就如释重负，准备"打道回府"。但结果其实并非如此，欧洲某国商务代表团并未得到他们想要的一纸合约。

因为日本人说"嘿"，意味着"是，我理解你的意思（但我并不一定要认同你的意见）"。

沟通方式的差异容易引起误解，出国问禁、入乡问俗对于涉外商务人员是很重要的。

资料来源：龚荒．商务谈判与沟通技巧．北京：清华大学出版社，2009．

③ 时间和空间概念的差异。诸多研究表明，在不同国家、不同地区，人们的时间概念有着明显的差异。就谈判而言，有些国家和地区的谈判者时间概念很强，将严格遵守时间约定视为一种起码的行为准则，是尊重他人的表现。如在美国，人们遵守时间约定是商业活动及日常生活中的基本准则之一。比预定时间更早到达经常被视为急于成交的表示，而迟到则会被看成是不尊重对方，至少也是不急于成交的表示。但在一些拉丁美洲和阿拉伯国家，如果这样去理解对方在谈判桌上的行为，则可能很难达成任何交易。那些地区或国家的谈判者有着完全不同的时间概念。空间概念是与时间概念完全不同的问题。在不同的文化环境中，人们形成了不同的心理安全距离。在与一般人的交往中，如果对方突破这种距离，就会使自己产生心理不适。

④ 决策结构差异。谈判的重要准则之一是要和拥有相当决策权限的人谈判，至少也必须是与能够积极影响有关决策的人员谈判。这就需要谈判者了解对方企业的决策结构，了解能够对对方决策产生影响的各种因素。由于不同国家的政治经济体制和法律制度等存在着很大的差异，企业的所有制形式存在着很大不同，商务活动中的决策结构也有着很大的不同。以在国内商务活动中习惯的眼光去评判对手，通常就可能会犯各种各样的错误。如在有些国家，企业本身对有关事务拥有最终决策权，而在有些国家，最终决策权则可能属于政府有关主管部门，对方企业的认可并不意味着合同一定能合法履行。而同样是在企业拥有决策权的情况下，分布在不同国家和地区的企业内部的决策权限也会有很大差异。

在注意到不同国家企业决策结构差异的同时，尤其值得注意的是政府介入国际商务活动的程度和方式。政府对国际商务活动的干预包括通过制定一定的政策，或通过政府部门的直接参与，来鼓励或限制某些商务活动的开展。当商务活动涉及国家的政治利益时，政府介入的程度就可能更高。

⑤ 法律制度差异。基于不同的社会哲学和不同的社会发展轨迹等，不同国家的法律制度往往存在着很大差异。要保证谈判活动的正常进行、谈判协议的顺利实施，法律制度的差异是不可忽视的。与此同时，一个值得注意的现象

是，不仅不同国家的法律制度存在着明显的不同，而且不同国家法律制度得以遵照执行的程度也有很大不同。在国际商务谈判中，谈判者需要遵守那些自己并不熟悉的法律制度，同时还必须要充分理解有关的法律制度，了解其执行情况，否则就很难使自身的利益得到切实的保护。

⑥ 谈判理念差异。处于不同文化背景中的人们对参与谈判的目的及所达成的合同的认识也有很大差异。如在美国，人们通常认为，谈判的首要目的，也是最重要的目的是与对方达成协议。人们将双方达成协议视为一项交易的结束，至少是有关这一交易的磋商的结束。而在东方文化中，如在日本，人们则将与对方达成协议和签署合同视为正式开始了双方之间的合作关系。对达成协议的这种理解上的差异直接关系到人们对待未来合同履行过程中所出现的各种变化的态度。根据完成一项交易的解释，双方通常就不应修改合同条件。而若将签署协议视为开始合作关系，则随着条件的变化，对双方合作关系做某些调整是十分合理的。

⑦ 经营风险差异。在国内商务活动中，企业面临的风险主要是因国内政治、经济、社会、技术等因素变化而可能导致的国内市场条件的变化。在国际商务活动中，企业在继续面临这种风险的同时，还要面对远比这些风险复杂得多的国际经营风险，包括国际政治风险，如战争、国家之间的政治矛盾与外交纠纷、有关国家政局及政策的不稳定等；国际市场变化风险，如原材料市场和产成品市场供求状况的急剧变化；汇率风险，如一国货币的升值或贬值等。因此，谈判者在磋商有关的合同条件时，就应对可能存在的风险有足够的认识，并在订立合同条款时，即考虑采取某些预防性措施，如订立不可抗力条款，采用某种调整汇率和国际市场价格急剧变化风险的条款等。

⑧ 谈判地点差异。在面对面的国际商务磋商中，至少有一方必须在自己相对不熟悉的环境中进行谈判，由此必然会带来一系列的问题，如长途旅行所产生的疲劳、较高的费用、难以便捷地获得自己所需要的资料等。这种差异往往要求谈判者在参与国际谈判时，给予更多的时间投入和进行更充分的准备工作。

5.1.2　国际商务谈判须更谨慎

我们分析了国际商务谈判与国内商务谈判的异同。从这一分析中，很容易得出这样的结论，即国际商务谈判与国内商务谈判并不存在质的区别。但是，如果谈判者以对待国内商务谈判对手和国内商务活动的逻辑和思维去对待国际商务谈判对手、去处理国际商务谈判中的问题，则显然难以取得国际商务谈判的圆满成功。在国际商务谈判中，除了要把握在前面所阐述的谈判一般原理和方法外，我们还应注意以下几个方面：

（1）要有更充分的准备　国际商务谈判的复杂性要求谈判者在谈判之前做更为充分的准备。一是要充分地分析和了解潜在的谈判对手，明确对方企业和可能的谈判者个人的状况，分析政府介入（有时是双方政府介入）的可能性，及其介入可能带来的问题。二是研究商务活动的环境，包括国际政治、经济、法律和社会环境等，评估各种潜在的风险及其可能产生的影响，拟订各种防范风险的措施。三是合理安排谈判计划，解决好谈判中可能出现的身体疲劳、难以获得必要的信息等问题。

（2）正确对待文化差异　谈判者对文化差异必须要有足够的敏感性，要尊重对方的文化习惯和风俗。西方社会有一句俗语，"在罗马，就要做罗马人"（In Rome, Be Romans），其意思也就是中国的"入乡随俗"。在国际商务谈判中，"把自己的脚放在别人的鞋子里"是不够的。谈判者不仅要善于从对方的角度看问题，而且要善于理解对方看问题的思维方式和逻辑。任何一个国际商务活动中的谈判人员都必须要认识到，文化是没有优劣的，必须要尽量避免模式化地看待另一种文化的思维习惯。

（3）具备良好的外语技能　谈判者能够熟练运用对方语言，至少双方能够使用一种共同语言来进行磋商交流，对提高谈判过程中双方交流的效率，避免沟通中的障碍和误解，有着特别重要的意义。

我们现在来了解一下世界各国主要国家商人在谈判中的谈判风格。

5.2　美国商人的谈判风格

从总体上讲，美国人的性格通常是外向的、随意的。一些研究美国问题的专家，将美国人的特点归纳为：外露、坦率、诚挚、豪爽、热情、自信、说话滔滔不绝、不拘礼节、幽默诙谐、追求物质上的实际利益，以及富有强烈的冒险和竞争精神等。与此相适应，形成了美国商人迥异于其他国家商人的谈判风格。

5.2.1　爽直干脆，不兜圈子

美国商人充满自信和优越感，在谈判桌上气势逼人。他们语言表达非常直率，往往说行就行，说不行就不行。美国商人在谈判中习惯于迅速地将谈判引向实质阶段，一个事实接一个事实地讨论，干脆利索，不兜圈子，不讲客套，对谈判对手的直言快语，不仅不反感，而且还很欣赏。美国人在经商过程中通常比较直接，不太重视谈判前私人关系的建立。他们不会像日本人那样颇费心机地找熟人引荐、做足公关工作，以便在谈判前与对方建立一种融洽的关系。

尽管这样，要是以为美国人刻板、不近人情，那就误会了。美国人强调个人主义和自由平等，生活态度较积极、开放，很愿意结交朋友，而且容易结交。美国人以顾客为主甚于以产品为主，他们很努力地维护和老客户的长期关系，以求稳定的市场占有率。

实战案例5-3

美国福特汽车公司和通用汽车公司最初来上海谈判合作生产小轿车时，正值美国政府要以30L条款和特别30L条款对中国进行制裁，并提出美国在中国的合资公司不能提出国产化要求的时期。但福特汽车公司的代表在谈判的一开始就提出合作期间可考虑50%的国产化方案。接着，通用公司在上海谈判时，又主动提出国产化率可以从60%开始。由于他们并未理会其政府的限制，而我方的代表也充满信心地与其谈判，最终使双方达成协议。如果我们能充分利用美国人自信、滔滔不绝的特点，多诱导、鼓励其先发表意见，以从中及时捕捉对我方有价值的内容和信息，探明其虚实与策略，那么将使我们更加有的放矢地决定对策；有时甚至可以利用其自信的特点，运用"激将法"，促使其为了维护自尊向我方靠拢。当然，这样做要注意适度，既要灭其锐气，又要避免其生气。

谈判之前需要多收集谈判对手风格及性格特点的信息，这样有助于谈判的成功。尝试思考美洲商人有哪些具体的谈判风格。

5.2.2 重视效率，速战速决

美国商业经济发达，生活节奏极快，造就了美国商人守信、尊重进度和期限的习惯。他们十分重视办事效率，尽量缩短谈判时间，力争使每一场谈判都能速战速决。

高度的时间观念是美国文化的一大特点。美国人的时间意识很强，准时是受人尊敬、赢得信任的基本条件。在美国办事要预约，并且要准时。约会迟到的人会感到歉疚、羞耻，所以，一旦不能如期赴约，一定致电通知对方，并为此道歉。否则，将被视为无诚意和不可信赖。强调效率是美国人时间观念强的重要表现。在美国人的价值观中，时间是金钱而且是有限的，必须珍惜和有效地利用。他们以分钟为单位来安排工作，认为浪费时间是最大的浪费，在商务活动中奉行"时间就是金钱"的信条。美国谈判者总是努力节约时间，他们不喜欢繁文缛节，希望省去礼节、闲聊，直接切入正题。谈判的时间成本如此受美国人重视，以至于他们常定有最后期限，从而增加了谈判压力。如果对手善于运用忍耐的技巧和优势，美国谈判者有时会做出让步，以便尽早结束谈判，转入其他商业活动。

对整个谈判过程，美国人也总有进度安排，精打细算地规划谈判时间的利用，希望每一阶段逐项进行，并完成相应的阶段性谈判任务。对于某些谈判对手常常对前一阶段的谈判成果推倒重来的做法，美国谈判者万分头痛。他们那种一件事接一件事、一个问题接一个问题地讨论，直至最后完成整个协定的逐项议价方式被称为"美式谈判"。

实战案例5-4

某美国公司向印度某公司出口了一套设备，经过安装后，调试工作还没结束，已经到了圣诞节，美国专家都要回国过圣诞，于是生产设备的调试要暂停下来。印方要求美方留下来完成调试任务后再回国，但对方专家拒绝了。因为美方人员过节是法定的，美方人员还是回国度假了，印方表示非常无奈和不理解。

各国文化差异较大，美国人对于法定节假日是非常在意的，严格遵守规定，因此，与外方接触时，要多了解别国习俗。

5.2.3　讲究谋略，追求实利

美国商人在谈判活动中，十分讲究谋略，以卓越的智谋和策略，成功地进行讨价还价，从而追求和实现经济利益。对此，美国商人丝毫也不掩饰。不过，由于美国商人对谈判成功充满自信，所以，总希望自己能够战胜高手，即战胜那些与自己一样精明的谈判者。这时，他们或许会对自己的对手肃然起敬，其心情也为之振奋不已。这反映了美国商人所特有的侠义气概。

5.2.4　鼓励创新，崇尚能力

美国企业崇尚个人主义、能力主义的企业文化模式，好胜而自我表现欲很强的美国谈判者乐意扮演牛仔硬汉或"英雄"形象，在谈判中表现出一种大权在握，能自我掌握命运的自信模样。美国人比较自由自在，不太受权威与传统观念的支配。他们相信，一个人主要是凭借个人努力和竞争去获得理想的社会地位。在他们的眼中，这是一个允许失败，但不允许不创新的社会。所以，美国人对角色的等级和协调的要求较低，更尊重个人作用和个人在实际工作中的表现。

5.2.5　重视契约，一揽子交易

在高度法制化的国家，人们习惯于诉诸法律解决矛盾纠纷。在商业活动中，保护自己利益最公平、妥善的办法便是依靠法律，通过合同来约束保证。力求达成协议是美国谈判者的目的，美国人总是认真仔细地签订合同，力求完美。严格履行合同中的条款成为谈判结束后最重要的工作。与中国人重视协议的"精神"，认为合同的约束力与双方信任、友谊、感情和"合作精神"相联系不同，美国人更注重法律文件本身。

由于美国经济大国的地位，美国人在谈判方案上喜欢搞全盘平衡，一揽子交易。所谓一揽子交易，主要是指美国商人在谈判某一项目时，不是孤立地谈它的生产或销售，而是将该项目中从设计、开发、生产、工程、销售到价格等问题一起洽谈，最后达成一揽子方案。

值得指出的是，美国文化中另一个鲜明特点对谈判者的影响也很巨大。这就是美国是个移民国家，社会人口构成非常复杂，几乎所有大洲都有移民及其后裔在美国社会中立足、发展。各民族的文化不断冲突，渐渐融合成美利坚文化的同时，又保留了一些各自的文化传统。正是这种丰富多彩和极富包容性、独立性的文化，使美国谈判者的文化背景也多种多样。如果对他们的行为抱着一成不变的看法，便显得片面了。这一点在其他移民国家，如加拿大、澳大利亚等国，也表现得很明显。

5.3 加拿大商人的谈判风格

加拿大的民族很多，做生意喜欢稳扎稳打，不喜欢产品价格上下经常变动，也不喜欢薄利多销的生意。

英国系商人正统严肃，比较保守、谨慎、重誉守信。他们在进行商务谈判时相当谨慎，一般对所谈事物的每一个细节都充分了解之后，才可能答应要求。和英国系商人谈判时，从进入洽谈到决定价格的这一段时间是很艰苦的，一会儿卡在这个问题上，一会儿又卡在那个问题上。在每一个细节问题尚未了解和解决之前，英国系商人是绝对不会签约的。但是，一旦签订了合同，就会信守合同。

法国系商人恰恰相反，他们没有英国系商人那么严谨，希望立竿见影，十分讲究工作效率。与法国系商人刚接触时，你会觉得他们都非常和蔼可亲、平易近人、客气大方。但是，只要坐下来进行正式洽谈，涉及实质问题时，他们就判若两人，讲话慢慢吞吞，令人难以琢磨，要明确谈出一个结果是非常不容易的。

5.4 英国商人的谈判风格

英国人的性格既有过去大英帝国带来的傲慢矜持，又有本民族谦和的一面。他们非常传统，在生活习惯上保留了浓郁的"古风"，例如讲究服饰，尤其在正式场合，穿戴上有许多规矩约束，社交活动中也一丝不苟地遵循正式交往中的传统礼节。言行持重的英国人不轻易与对方建立个人关系。即使本国人，个人之间的交往也较谨慎，很难一见如故。

英国人比较看重秩序、纪律和责任。组织中的权力自上而下流动，等级性很强，人们的观念中等级制度依然根深蒂固。在社交场合，"平民""贵族"依然区分明显。

英国谈判者性格稳健，善于简明扼要地阐述立场、陈述观点，然后便是更多地表现沉默、平静、自信和谨慎。与英国人讨价还价的余地不大。在谈判中，有时英国商人采取非此即彼的缺乏灵活性的态度。在谈判关键时刻，他们往往表现得既固执，又不肯花大力气去争取，使对手颇为头疼。在他们看来，追求生活的秩序与舒适是最重要的，而勤奋与努力是第二位的。所以，对物质利益的追求不激烈，也不直接表现，更愿意做风险小的买卖。但如果在谈判当中遇到纷争，英国商人也会毫不留情地争辩。除非对方有明显证据能说服他们，否则，他们不会轻易认错和道歉。

5.5 德国商人的谈判风格

德国商人的特点是倔强、自信、自负，办事刻板、严谨、富有计划性，工作注重效率，追求完美，具有很强的竞争性。

德国商人对商业事务极其小心谨慎，对待人际关系正规刻板，拘泥于形式礼节。特别是在德国北部，商人极喜欢显示自己的身份，对有头衔的人一定要称呼头衔。在交谈中，避免用昵称、简称等不正式的称呼。德国商人求稳心理强，不喜欢"一锤子"买卖。

德国人时间观念很强，非常守时，公私事皆如此。所以，迟到在商业谈判和交往中十分忌讳。对迟到者，德国人几乎毫不掩饰他们的不信任和厌恶。勤奋、敬业是德国企业主的美德。德国商人似乎缺少浪漫，他们很少像法国人那样尽情享受假期，还常常为工作不惜牺牲闲暇时光。但也正因为这种勤勉刻苦、自强不息，德国经济才能在第二次世界大战后迅速恢复和崛起。

德国商人虽谨慎保守，但办事雷厉风行，考虑事情周到细致，注重细枝末节，力争任何事都完美无缺。在谈判前，他们要搜集详细的资料，准备工作做得十分周密。德国商人谈判果断，极注重计划性和节奏紧凑。他们不喜欢漫无边际地闲谈，而是一开始就一本正经地谈正题。谈判中语气严肃，无论是对问题的陈述还是报价都非常清楚明白。谈判建议则具体而切实，以一种清晰、有序和有权威的方式加以表述。诸如"研究研究""过段时间再说"之类的拖拉和模棱两可的回答常令德国谈判者不快。他们认为，一个国际谈判者是否有能力，只要看一看他经手的事是否很快而有效地处理就知道了。

德国人自己很善于讨价还价，一旦决定购买某件商品，就千方百计地迫使对方让步，而且极有耐性，常在合同签订前的最后时刻还在争取对手让步。德国人强硬的谈判风格给人以固执己见、缺乏灵活性的印象。

德国人非常尊重契约，有"契约之民"的雅称。在签订合同之前，他们往往谈判到每个细节都明确双方权利、义务后才签字。这种作风与法国人只谈个大概、有50%的把握便签字的风格大相径庭。也正因为如此，德国商人的履约率是欧洲最高的，他们一丝不苟地依合同办事、诚实可信的形象令人敬佩；同时，他们也严格要求对方，除非有特殊情况，绝不理会其贸易伙伴在交货和支付的方式及日期等方面提出的宽限请求或事后解释。

5.6　法国商人的谈判风格

法兰西民族天性乐观、开朗、热情、幽默，极富爱国热情和浪漫情怀。和作风严谨的德国人相比，法国人更注重生活情趣。他们有浓郁的人情味，非常重视互相信任的朋友关系，并因此影响到商务合作。法国人往往凭着信赖和人际关系进行商务交往，在未成为朋友之前，他们不会同你进行大宗交易，而且习惯于先用小生意试探，建立信誉和友谊后，大生意便接踵而至。

法国公司以家族企业起家的较多，因此，讲究产品特色，但不太同意以大量生产的方式来降低产品成本。法国人天生随意，抱有凡事不勉强的原则，故而不轻易逾越自己的财力范围，也不像日本人那样努力地做成大笔生意。法国公司组织结构单纯，自上而下的层次区别不多，重视个人力量，很少集体决策。大多数由个人承担谈判决策责任，决策迅速。

法国人生活节奏感十分鲜明。工作时态度认真而投入，讲究效率，休闲时总是痛痛快快地玩一场。他们很会享受生活，十分珍惜假期，会毫不吝惜地把一年辛苦工作积存下来的钱在度假中花光，绝不会像德国人那样因为业务需要而放弃一次度假。通常每年8月是法国人的假期，南部的海滩在此时热闹非凡。不仅8月到法国开展不了什么业务，甚至7月末的生意也可能被搁置。对美酒佳肴，法国人也十分看重。和其他国家不同的是，热情的法国人将家庭宴会作为最隆重的款待。但是，绝不能将家庭宴会上的交往视为交易谈判的延伸。一旦将谈判桌上的话题带到餐桌上来，法国人会极为不满。

和一本正经的德国同行相比，法国人不喜欢在谈判中自始至终只谈生意。他们乐于在开始时聊一些社会新闻及文化方面的话题，以创造一种轻松友好的气氛；否则，将被视为"枯燥无味的谈判者"。

法国人偏爱横向谈判，谈判的重点在于整个交易是否可行而不重视细节部分。对契约的签订，法国人似乎过于"潇洒"。在谈妥主要问题后便急于签约，他们认为具体问题可以以后再商讨或是日后发现问题时再修改也无关紧要。所以，常发生昨天才签的合同，到明天就可能修改的事便不足为奇了。法国人这种"边跑边想"的做法总让对手头疼，也影响了合同的履行。所以，即使是老客户，和法国人谈判，最好尽量将各条款及其细节反复确认，否则，难免有因误会需改约、废约等不愉快的事发生。法国人不喜欢给谈判制订严格的日程安排，但喜欢看到成果，故而在各个谈判阶段，都有"备忘录""协议书"之类的文件，为后面的正式签约奠定基础。这样也可拉住伙伴，促成交易。总的说来，法国商人还比较注重信用，一旦合同建立，会很好地执行。

法国人十分热爱自己的语言和传统文化，在商务洽谈中多用法语。即使英语说得很好，他们也坚持用母语，并将此视为爱国的表现。假如对手能讲几句法语，是很好的交往手段。在处理合同时，法国人也会坚持用法语起草合同文本。有时，对手不得不坚持用两种文字，并且商定两种文字的合同具有同等效力。

实战案例5-5

一位法国商人到中国某地考察某投资项目，谈判结束后，该公司安排了级别较高的游览观光活动。这位法国商人对于接待他的中国当地政府的办公室主任评价颇高，认为她的服务态度非常好，语言水平也很高，便夸奖该办公室主任说："你的法语讲得太好了！"办公室主任马上回应说："我的法语讲得不好。"法国商人听后非常生气："法语是我的母语，难道我不知道法语该怎么说？"商人生气的原因无疑是该办公室主任忽视了东西方文化的差异。

西方人讲究一是一、二是二，而东方人讲究的是谦虚，凡事不张扬。简单思考一下如何适应欧洲商人的谈判风格。

5.7　俄罗斯商人的谈判风格

俄罗斯人以热情好客闻名，他们非常看重个人关系，乐意与熟识的人谈生意，依赖无所不在的关系网办事情。通常情况下，要与俄罗斯人做生意，需首先经人介绍与之相识，然后花一番工夫，培养彼此的信任感，逐渐接近他们。尤其是对于决策人员，才越有可能得到生意机会；反之，操之过急是争取不到信任和生意的。可以这么说，俄罗斯人的商业关系是以个人关系为基础建立起来的。谈判者只有在建立起忠诚的个人友谊之后，才会衍生出商业关系。除非某家外国公司有足以骄傲的资本（先进的产品、服务或市场上独特的地位），才能跨越个人关系这个步骤，直接加入商业活动。但没有个人关系，一家外国公司即使进入了俄罗斯市场，也很难开展商业活动。

俄罗斯人热衷于社会活动，拜访、生日晚会、参观、聊天等都是增进友谊的好机会。俄罗斯民族性格豪爽大方，不像东方人那样掩饰内心的感情。天性质朴、热情、乐于社交的俄罗斯人往往是非常大方的主人，晚宴丰富精美，并且长时间、不停地敬酒干杯，直率豪迈，喜欢大量的近距离身体接触，如见面和离开时都要有力地握手或拥抱。应注意的是，在交往时，不可太随便，要注重礼节，尊重双方的民族习惯。对当地风土人情表示感兴趣等行为方式更易于赢得俄罗斯人的好感，这样最终可以在谈判中取得信任和诚意。

俄罗斯人善于应用谈判技巧，堪称讨价还价的行家里手。尽管由于生产滑坡、消费萎缩、通货膨胀、经济亟待恢复，在谈判中他们有时处于劣势，如迫切需要外国资金、先进技术设备，但与他们打过交道的各国商人谁也不否认俄罗斯人是强劲的谈判对手，他们总有办法让对方让步。他们的谈判一般分两阶段，第一阶段先尽可能地获得许多竞争性报价并要求提供详细的产品技术说明，以便不慌不忙地评估。期间他们会采用各种手段，促使对手之间竞相压价，自己从中得利。这种谈判技巧使得他们总能先从最弱的竞争者那里获得让步，再以此要挟其他对手做出妥协。第二阶段则是与选中的谈判对手对合同中将要最后确定的各种条款仔细斟酌。

5.8 日本商人的谈判风格

日本人谈判的方式不仅与西方人大相径庭，即使与亚洲其他国家的人相比，也差异很大。在与日本人谈判之前，谈判者应该知道与日本谈判代表建立良好的人际关系的重要性。一般而言，与日本人谈判最为关键的一点是信任。

日本人在谈判之际，会设法找一位与他们共事的人或有业务往来的公司来作为谈判初始的介绍人。日本人相信一定形式的介绍有助于双方尽快建立业务关系；相反，与完全陌生的人谈判则令人不自在。所以，在谈判开始之际，先认识谈判对象或至少由第三方牵线搭桥是较可取的方式。日本人往往将业务伙伴分为"自己人"与"外人"两类。因此，成为谈判对方的"自己人"，或在谈判之前与他们有过接触联系，是谈判的一大优势。

日本人常想方设法通过私人接触或其他形式建立起联系渠道。但若缺乏与对方接触的途径，他们则通过政府部门、文化机构或有关的组织来安排活动以建立联系。同时，日本是一个等级森严的社会。日本人在很大程度上仍然根据自身的"社会地位"，即由他们的年龄、头衔、所属机构的规模及威望来决定自己的言行举止。

在日本人的商业圈里，对对方的感激之情往往借助于馈赠礼品或热情款待等方式来表达。尽管具体方式不同，全体致谢仍是很普遍的形式。日本人也常在年末或节假日期间，私人间相互馈赠礼品。

一旦谈判双方建立起关系，实际谈判程序即变得容易。谈判人员所关心的问题从能否建立业务关系转向如何发展积极的业务关系。尽管价格、质量等都是极其重要的因素，但日本人更相信良好的人际关系所带来的长期业务往来。

日本人决策的步骤可概括为两大特性：自下而上，集体参与。日本人倾向于自下而上的决策制度。一旦他们开始执行一项方案，项目经理本人并不一定担任要职，要请示其上司批准或征询修改意见。这一体系的优点在于易于执行决定，因为有关人员都已对方案了如指掌。但用于决定方案的时间过长却是日本谈判方式的一大缺点。许多外国谈判人员对迟迟不做决定的日方人员渐渐失去耐心。日本人做出决策的过程较为缓慢，因而招致许多外国谈判人员的批评。

谈判时，日本人总是分成几个小组，任何个人都不能对谈判全过程负责，也无权不征求组内他人意见单独同意或否决一项提议。这种全组成员连贯一致的态度主要是基于日本人的面子观念。无论最终决定如何，"自下而上"的决定方式和集体参与的风格令组员感觉到自身参与的重要性。最终决定由高层管理人员做出，但高层管理人员不会忽视属下的意见，并且，当属下的意见未被其他成员接纳时，高层管理人员也经常会做出解释。

日本人喜欢采用委婉、间接的交谈风格。他们喜欢私下，而不是在公共场合讨论事务。他们尤其不喜欢在公共场合发生冲突，因为这样很丢"面子"。采用Nemawashi方式，他们经常"关起门"来讨论问题。外国人应当了解这种特殊的方式。这是日本人为了不损害他们神圣的团体感而偏好的讨论方式。一旦日本人同意了一项提议，他们往往会坚持自己的主张。日本商人喜欢使用"打折扣吃小亏、抬高价占大便宜"的策略吸引对方。他们为了迎合买方心理，主动提出为对方打折扣。其实，在此之前，他们早已抬高了价格，留足了余地。对此，外商应当有所戒备，绝不可仅以"折扣率"为判定标准，应坚持"看货论价"。自己拿不准，可请行家协助，也可货比三家，择优而定。

实战案例5-6

美国一家公司与日本一家公司进行了一项比较重要的贸易谈判。美国派出了自认为最精明的谈判小组，大多是30岁左右的年轻人，还有一名女性。但到日本后，却受到了冷遇，不仅总公司经理不肯出面，就连分部的负责人也不肯出面接待。

在日本人看来，年轻人，尤其是女性，不适宜主持如此重要的会谈。结果，美方不得不撤换了这几个谈判人员，日本人才肯出面洽谈。

国际商务谈判中，谈判人员要做到出国问禁、入乡随俗。作为亚洲人，你是否了解周边国家相关商务人员的谈判风格呢？

5.9 韩国商人的谈判风格

韩国是一个自然资源匮乏、人口密度很大的国家。韩国以"贸易立国"，近几十年来，经济发展较快。韩国商人在长期的贸易实践中积累了丰富的经验，常在不利于己的贸易谈判中占上风，被西方国家称为"谈判的强手"。

韩国商人十分重视商务谈判的准备工作。在谈判前，通常要对对方进行咨询了解。一般是通过海内外的有关咨询机构了解对方情况，如经营项目、规模、资金、经营作风及有关商品行情等。如果对对方没有一定的了解，他们是不会与对方一同坐在谈判桌前的。

韩国商人注重谈判礼仪和创造良好的气氛。他们十分注意选择谈判地点，一般喜欢选择有名气的酒店、饭店会晤。会晤地点如果是韩国方面选择的，他们一定会准时到达；如果是对方选择的，韩国商人则不会提前到达，往往会推迟一会儿到达。在进入谈判地点时，一般是地位最高的人或首席代表走在最前面，因为他也是谈判的决定者。

韩国商人十分重视会谈初始阶段的气氛。一见面就会全力创造友好的谈判气氛。见面时总是热情打招呼，向对方介绍自己的姓名、职务等。落座后，当被问及喜欢饮用哪种饮料时，他们一般选择对方喜欢的饮料，以示对对方的尊重和了解。然后，再寒暄几句与谈判无关的话题，如天气、旅游等，以此创造一个和谐的气氛。尔后，才正式开始谈判。

韩国商人逻辑性强，做事喜欢条理化，谈判也不例外。所以在谈判开始后，他们往往是与对方商谈谈判主要议题。而谈判的主要议题虽然每次各有不同，但一般情况下必须包括下列5个方面的内容，即阐明各自意图、叫价、讨价还价、协商、签订合同。尤其是较大型的谈判，往往是直奔主题，开门见山。常用的谈判方法有两种，即横向谈判与纵向谈判。前者是进入实质性谈判后，先列出重要特别条款，然后逐条逐项进行磋商；后者即对共同提出的条款，逐条协商，取得一致意见后，再转向下一条的讨论。有时也会两种方法兼而用之。在谈判过程中，他们远比日本人爽快，但善于讨价还价。有些韩国商人直到最后一刻仍会提出"价格再降一点"的要求。他们也有让步的时候，但目的是在不利形势下，以退为进来战胜对手。这充分反映了韩国商人在谈判中的顽强精神。

此外，韩国商人还会针对不同的谈判对象，使用"声东击西""先苦后甜""疲劳战术"等策略。在完成谈判签约时，喜欢使用合作对象国家的语言、英语、朝鲜语3种文字签订合同，3种文字合同具有同等效力。

5.10 东南亚商人的谈判风格

东南亚包括许多国家，主要有印度尼西亚、马来西亚、新加坡、泰国等国家。这些国家与我国地理距离较近，贸易机会十分频繁，交易范围非常广泛。

印度尼西亚商人很讲礼貌，绝对不在背后评论他人。印度尼西亚商人还有一个突出的特点，那就是喜欢有人到家里来拜访，而且无论什么时候拜访都很受欢迎。因此，在印度尼西亚，随时都可以敲门拜访以加深交情，使商谈得以顺利进行。

新加坡经济发达，是"亚洲四小龙"之一。其种族的构成中，华人占大多数，约70%以上。新加坡商人也以华侨为最多，他们乡土观念很强，勤奋、能干、耐劳、充满智慧，他们一般都很愿意与中国内地进行商贸洽谈合作。老一代华侨还保持着讲面子的特点，"面子"在商务洽谈中具有决定的意义。年轻一代华侨商人虽已具备了现代商人的素质和特点，但依然保持了老一代华侨的一些传统特点。新加坡商人一旦订立了契约，则绝对不会违约，而是千方百计去履行契约，充分体现了华侨商人注重信义、珍惜朋友之间关系的商业道德。

实战案例5-7

西欧有位客商有一次到新加坡去进行一笔交易的谈判，开始时双方气氛热烈，谈判进行得很顺利。但当谈判结束，双方要签订协议时，西欧的那位客商由于兴奋得意而架起了二郎腿。谁知此后形势急转直下，对方冷着脸要求与西欧客商重新谈判。

原来是西欧客商以架二郎腿表达自己兴奋、得意的心情，而对方则是把对着别人架二郎腿的体态语看作是对别人的恶意。

泰国商人的性格特点是不轻易信任外人，而是依靠家族成员来掌管生意；不铺张浪费；同业间能互相帮助，但不会结成一个组织来共担风险。假如外国商人要同泰国商人结成推心置腹的交情，那就要耗费一段很长的时间。但一旦建立了友谊，泰国商人便会完全信赖你，当你遇到困难时，也会给你通融。所以，诚实和富于人情味，在泰国商人那里也是被充分肯定的。

本章回顾

由于世界各国历史传统、政治制度、经济状况、文化背景、风俗习惯以及价值观念存在明显差异，所以，各国谈判者在商务谈判中都会形成不同的谈判风格。每一位谈判人员来到谈判桌前时，都带着自己文化的深深烙印。

因此，在进行国际商务谈判之前，谈判人员必须熟悉各国文化的差异，认真研究对方谈判人员的文化背景及特点，把握对方的语言及非语言习惯、价值观、思维方式、行为方式和心理特征，做好充分的准备，以此建立并加强自己的谈判实力，掌握谈判的主动权。

实战演练5

演练目标

本演练题目是测试对世界一些主要国家谈判风格的了解情况，以便更好地进行国际商务谈判。

情景测试题

猜一猜下列四种情况描述的商人分别来自哪个国家？

1. 该国商人从总体上讲，性格通常是外向的、随意的。商人的特点可归纳为外露、坦率、诚挚、豪爽、热情、自信、说话滔滔不绝、不拘礼节、幽默诙谐、追求物质上的实际利益，以及富有强烈的冒险和竞争精神，重视契约和一揽子交易等。

2. 该国商人性格既有过去带来的傲慢矜持，又有本民族谦和的一面。他们非常传统，在生活习惯上保留了浓郁的"古风"，例如讲究服饰，尤其在正式场合，穿戴上有许多规矩约束，社交活动中也一丝不苟地遵循正式交往中的传统礼节。言行持重的该国商人不轻易与对方建立个人关系。即使本国人，个人之间的交往也较谨慎，很难一见如故。该国比较看重秩序、纪律和责任。组织中的权力自上而下流动，等级性很强，人们的等级制度观念依然根深蒂固。

3. 该国商人天性乐观、开朗、热情、幽默，极富爱国热情和浪漫情怀。和作风严谨的德国人相比，他们更注重生活情趣，有浓郁的人情味，非常重视互相信任的朋友关系，往往凭着信赖和人际关系去进行交易。在未成为朋友之前，他们不会同你进行大宗交易，而且习惯于先用小生意试探。建立信誉和友谊后，大生意便接踵而至。该国公司组织结构单纯，自上而下的层次区别不多。重视个人力量，很少集体决策。大多数由个人承担谈判决策责任，决策迅速，生活节奏感十分鲜明。工作时态度认真而投入，讲究效率，休闲时总是痛痛快快地玩一场。他们很会享受生活，十分珍惜假期。

4. 该国是一个自然资源匮乏、人口密度很大的国家。该国商人在长期的贸易实践中积累了丰富的经验，常在不利于己的贸易谈判中占上风，被西方国家称为"谈判的强手"。商人十分重视商务谈判的准备工作。该国商人注重谈判礼仪和创造良好的气氛。他们十分注意选择谈判地点，一般喜欢选择在有名气的酒店、饭店会晤。该国商人逻辑性强，做事喜欢条理化，谈判也不例外。商人还会针对不同的谈判对象，使用"声东击西""先苦后甜""疲劳战术"等策略。

第6章
解密商务沟通

在我们的工作与生活中,需要沟通来相互了解、增进感情、加强合作,所以,沟通很重要。在商务活动中,尤其在销售工作中,我们需要寻找有合作、有意愿的客户并不是一件容易的事,而将有效沟通的信息传递到目标客户面前也变得越来越困难。本章主要阐述商务沟通的概念、类型和过程,分析在商务活动中沟通与有效沟通的实际意义,从而引出各企业应重视提高商务人员尤其是销售人员在谈判中的沟通技巧,同时,也提出如何在销售中有效运用一些沟通技巧以及如何排除商务沟通障碍的技巧。

6.1 认知商务沟通

聪明的商务人员在同内外客户打交道时,表面上是客户的朋友、兄弟、亲人,而实际工作中依然根据自己的职责、特长、能力来促进销售、操作市场、掌控资源,从而做到名利双收。上面所提到的诸多技巧需要在沟通实践中加以灵活运用,举一反三,在体会中成长,在运用中升华。商务人员只要具备了上述中的诸多能力,才能在未来的市场角逐中如虎添翼,张弛有度,纵横捭阖,从而使自己百战百胜,时刻挺立在时代的潮头,成为新时代的弄潮儿以及商场上的最强者,从而不愧对商务人员这个光荣而伟大的称号。作为公司主体而言,旨在引起企业重视其自身业务精英的培养,包括注重沟通技巧,提高沟通效果。同时,也为前线谈判人员、商务人士进行有效沟通、磋商提供借鉴。

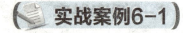

人物介绍

小杨:一名普通大学生,平时性格敏感多疑,缺乏安全感和信任感,性格比较孤僻,鲜少与他人沟通。

小胡:一名刚刚上任的电脑卖场的销售人员。他是一个北方人,性格开朗,说话直率,做事比较急功近利,不习惯于考虑别人的感受。

事发背景

某日,小杨独自一人来到了商场选购电脑,但是,选了两个多小时还是一无所获。最后,小杨来到了A柜台前,但售货员小胡因为在招呼其他客人而不能迅速赶来。小杨等了一会儿之后,小胡过来招呼小杨。

沟通过程

小胡:"美女,今天是过来看电脑吗?想买什么样的啊?"

小杨:"嗯,是的。还不知道。"

小胡:"我们这里有很多品牌的电脑,我来给你推荐一下吧。"

小杨:"你让我自己先看下吧。"

小胡:"美女,那你喜欢什么牌子的?想要什么价位的?"

小杨:"我还是想自己先看一下。"

小杨挑选了一会儿之后,终于选中了一款××电脑。两人在价格方面已经谈得差不多了,小杨决定要买了。

小胡:"美女,我们先过去刷卡吧。"

小杨:"啊?你不是应该先给我介绍下这个电脑的性能和售后方面的问题吗?还有,我想先试用下电脑。"

小胡:"你放心,我们的电脑质量绝对有保证,售后包你满意。先把钱付了,我们再给你拿货试一下。要是有问题,我们再给你换,好吧?"

小杨:"那这个电脑配了什么东西?有没有贴膜?"

小胡:"我们都是最低价卖给你了,你看过谁卖电脑送贴膜啊?你放心吧,我们的电脑绝对没有问题,贴膜只是小问题嘛。"

小杨:"但是,别人买电脑都送贴膜啊。"

小胡:"那这样吧,我再给你便宜点儿,你自己去贴膜吧。"

小杨:"既然连贴膜都不帮我弄,那我不买了。"

沟通结果

最后,小杨准备离去,小胡追去劝阻,但由于小杨感到自己没有被尊重,最终愤愤离去。

本例中,我们可以看到,其实这次销售原本可以很成功,但是,因为双方在沟通上出现了些许的摩擦,最终导致以失败告终。我们该如何避免在工作中出现上述情况呢?首先,沟通需要看对象;其次,要注意换位思考;还要注意沟通基本原则。

6.1.1 认知沟通

成功的行为学家们的研究表明,一个正常人每天花60%~80%的时间在"说、听、读、写"等沟通活动上。同时,一位智者总结到:"人生的幸福就是人情的幸福,人生的幸福就是人缘的幸福,人生的成功就是人际沟通的成功。"

所谓沟通,其实主要指在生活中、工作中、商务活动中进行的人际沟通,是信息的发送者与信息的接受者之间信息的相互作用,即可理解的信息在2个或2个以上人群中传递或交换的过程。

正确理解沟通的概念,需把握以下几点:首先,沟通是有意义的传递,沟通的过程中一定是要富有效果的,而且在传递过程中能传递相关信息;其次,有效的沟通是双方能准确理解信息的含义,信息传递过程中信息必须充分、准确、言简意赅，能让双方明白基本内容；最后，沟通是一个双向、互动的反馈和理解过程，有效的沟通一定是双向的，彼此间有反馈、呼应。

实战案例6-2

一位销售人员到一所学校去推销圆规。这种圆规是供教师在黑板上画图使用的。厂家对其结构略微做了一些改造，将其中作为圆心的一端由原来的钉子状改成橡皮头，这样便于在黑板上固定位置。当销售人员将这种圆规拿给顾客看时，顾客很清楚它的效用，甚至连使用效果都可以想象。但销售人员还是拿起圆规在办公室的水泥地上做了示范，并鼓励顾客也试一试。有人认为，这么简单的产品，谁都可以理解，示范纯属多余，会增加顾客的反感而对推销无益。

沟通的方式有很多种，上述销售人员在向顾客所做的示范，其实就是沟通的一种方式，但效果怎么样，一目了然。我们如何避免在工作时出现上述情况呢？

6.1.2 解析沟通过程

沟通是一个复杂的过程，任何沟通都是将信息传递给接收者的过程（图6-1）。沟通的过程可以分解为以下几个步骤。

① 信息源：指发出信息的人。

② 编码：发送者将这些信息译成接收者能够理解的一系列符号，如语言、文字、图表、照片、手势等，即信息。

③ 传递信息：通过某种通道（媒介物）将信息传递给接收者。

④ 解码：接收者将通道中加载的信息翻译成他能够理解的形式。解码的过程包括接收、译码和理解三个环节。

⑤ 反馈：接收者将其理解的信息再返送回发送者，发送者对反馈信息加以核实和做出必要的修正。反馈的过程只是信息沟通的逆过程。

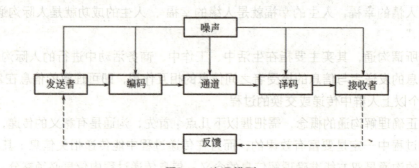

图6-1 沟通模型

知识拓展6-1

沟通的"多"与"少"

少说抱怨的话，多说宽容的话

少说讽刺的话，多说尊重的话

少说拒绝的话，多说关怀的话

少说命令的话，多说商量的话

少说批评的话，多说鼓励的话

6.1.3 沟通的必要性

（1）需要有效沟通　我们进行的沟通，必须要有效，否则是做无用功。所谓有效沟通，是通过听、说、读、写等思维的载体，通过演讲、会见、对话、讨论、信件等方式准确、恰当地表达出来，以促使对方理解并接受。

首先，信息发送者清晰地表达信息的内涵，以便信息接收者能准确理解；其次，信息发送者重视信息接收者的反应并根据其反应及时修正信息的传递，免除不必要的误解。两者缺一不可。

另外，有效沟通中必须做到"四个必须"：

① 必须知道说什么，就是要明确沟通的目的。如果目的不明确，就意味着你自己也不知道说什么，自然也就不可能让别人明白，也就达不到沟通的目的。

② 必须知道什么时候说，就是要掌握沟通的时间。在对方正大汗淋漓地忙于工作时，你要求他与你商量下次聚会的事情，显然不合时宜。所以，要想达到沟通效果，必须掌握好沟通的时间，把握好沟通的火候。

③ 必须知道对谁说，就是要明确沟通的对象。虽然你说得很好，但你选错了对象，对牛弹琴，自然也达不到沟通的目的。

④ 必须知道怎么说，就是要掌握沟通的方法。你知道应该向谁说、说什么，也知道该什么时候说，但你不知道怎么说，仍然难以达到沟通的效果。沟通是要用对方听得懂的语言，包括文字、语调及肢体语言，与对方进行沟通。

知识拓展6-2

沟通上的"黄金法则"：你希望别人怎样对待你，你就怎样对待别人。

沟通上的"白金法则"：别人希望我怎样对待他，我就怎样对待他。

（2）商务沟通需要双向　商务人员与沟通对象之间准确的信息交流，只有在双方共享或分享经验、感知、思想、情感时才会发生。个人内部和外部存在的某些因素，往往会产生不准确的感知并导致不尽如人意的信息交流。在推销中，商务人员与顾客要形成交流，促进销售活动成功，双向沟通的作用就非常明显。

因此，商务沟通是指商务人员与沟通对象之间有目的地提供产品或销售信息、说服和反馈的沟通过程。商务沟通，本质上是一个信息传递、交换、接受、领会的双向过程。

6.1.4 沟通方式要分清

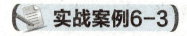

口才好未必业绩好

在读大学时，赵某曾获得大学辩论会的优胜奖，有着非常好的口才，毕业后就想从事推销工作，心想这样可以发挥自己的优势。公司对他也很器重，但几个月过去了，推销业绩一直不好。公司经理有些纳闷，如此优秀的人才，而且每天也很辛苦，为什么业绩总不上去呢？经理决定亲自陪赵某跑一天业务，结果很快明白了是怎么回事。下边是顾客与赵某之间的一段对话。

顾客："我现在不需要。"

小赵："那是什么理由呢？"

顾客："理由……？我丈夫不在，不行。"

小赵："那你的意思是，你丈夫在的话就行了，是吗？"

顾客："跟你讲话怎么这么麻烦，你走吧……"

看来文凭和口才并不能证明商务人员是否优秀。最体贴的语言才是最舒服的语言，我们要审时度势，而不是咄咄逼人。

在商务沟通中，根据不同的划分标准，可以划分不同的沟通类型，具体来说有如下几种：

① 按照沟通的传达媒介，一般将沟通分成语言沟通及非语言沟通两种类型，在后边的内容中将会详细介绍。

② 按照沟通的正式程度，一般分成两大类，即正式沟通与非正式沟通。具体如下：

正式沟通是指由组织内部明确的规章制度所规定的沟通方式，它和组织的结构息息相关。正式沟通的传播速度相对较慢，它是通过组织正式的途径来散布相关信息。

非正式沟通是指正式组织途径以外的信息流通程序，一般根据组织成员在感情和动机上的需要而形成。某知名公司CEO曾经说过："如果我散布一条谣言，我知道在一天内我就能听到反应；如果我传递一份正式备忘录，我要等待三个星期才能听到反应。"可见，非正式沟通也是一种非常富有影响力的沟通方式，散布信息的速度非常快。

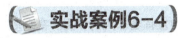 **实战案例6-4**

　　李开复在2000年回到微软总部出任全球副总裁，管理一个拥有600名员工的部门。作为一个从未在总部从事领导工作的人，他需要倾听和理解员工的心声。为了达到这样的目标，他选择了"午餐会"沟通法。

　　每周选出10名员工，与他们共进午餐。在进餐时，详细了解每个人的姓名、履历、工作情况以及他们对部门工作的建议。为了让每位员工能畅所欲言，他尽量避免与一个小组或一间办公室里的两个员工同时进餐。另外，他还会要求每个人说出他在工作中遇到的一件最让他兴奋的事情和一件最让他苦恼的事情。午餐后，李开复会立即发一封电子邮件给大家，总结"我听到了什么""哪些是我现在就可以解决的问题""何时可以看到成效"等。

　　从案例中我们可以看出，正式沟通往往更加严谨，促使沟通人员的交流非常正式、保守，而非正式沟通往往比较开放、放松、自由，有时候效果比正式沟通更好。

　　③ 按照沟通的方向，把沟通又分成上行沟通、下行沟通、平行沟通三种类型，具体如下：

　　a. 上行沟通是指由较低层次的人员向较高层次的管理者进行交流、磋商性活动。

　　b. 下行沟通是指较高层级的领导向下属做出指示、命令、决定等决策性活动。

　　c. 平行沟通是指同一层级的领导之间或下属之间进行的交流和磋商性活动。

实战案例6-5

　　小贾是公司销售部的一名员工，为人比较随和，不喜争执，和同事的关系处得都比较好。但是，前一段时间，不知道为什么，同一部门的小李老是处处和他过不去，有时候还故意在别人面前指桑骂槐，对于共同合作的工作任务也都有意让小贾做得多，甚至还抢了小贾的好几个老客户。

　　起初，小贾觉得都是同事，没什么大不了的，忍一忍就算了。但是，看到小李如此嚣张，小贾一赌气，告到了经理那儿。经理把小李批评了一通。从此，小贾和小李成了绝对的冤家了。

　　从案例中我们可以看出小贾和小李两人进行的是平行沟通，小贾向经理汇报又属于上行沟通，而经理找小李谈话并批评了小李，属于下行沟通。沟通中由于处理方式欠妥，沟通并无效果。

6.1.5 商务沟通意义非凡

商务的概念其实非常模糊，但商务确实在企业中发挥着非凡的作用。在众多的企业里脱颖而出，除了要有一个好的经营者决策策划以外，对内还要实施管理沟通。对外执行营销方案的还是直接与客户打交道的业务人员。目前，在市场经济体制下，各个行业的产品、服务可谓是五花八门。但是，又很少有特色性的产品、服务直接面向最终消费者。这就需要商务人员与客户进行有效沟通。

商务人员的沟通能力是成功销售的基础。为做到让消费者了解产品，通过沟通中的一些技巧，从策略性方面来讨论如何提高语言沟通的效果，以达到让消费者购买产品，让销售企业更有效地推广产品的目的。如何把话说到客户心坎上，如何在一分钟内说服你的客户，是商务人员要面对的问题。

商务人员是企业的形象大使，为了公司及自身的利益，必须善于形体与语言沟通。商务活动就是一项沟通艺术，话说到客户心里，也就有了成交的希望。良好的沟通将贯穿于销售工作的整个过程，而沟通能力的好坏，也将会在每一个环节上对销售工作的成败产生决定性影响。商务活动中离不开沟通，好的沟通可以更好地把产品的性能、质量等信息传递给顾客，同时也能得到顾客的青睐，为自己的企业树立良好的企业形象。好的沟通也就是在自我推销，把自己作为产品卖给顾客，得到顾客的信任。

因此，可以毫不夸张地说，商务的成功在很大程度上可以归结为商务人员对口才的合理运用与发挥，这也就是真正的商务沟通。

6.2 构建商务沟通的模型

6.2.1 沟通模型的建立

根据人的控制欲望和社交能力，可以把沟通方式划分为四种模型。商务沟通方式模型见图6-2。

控制欲望（dominance）是指想超越或掌握其他人的一种倾向。控制欲弱的人具有合作的倾向，渴望别人的帮助，自信心不是很强；控制欲强的人喜欢给人提意见，经常提要求，交往中极具挑衅性。

社交能力（sociability）是指在

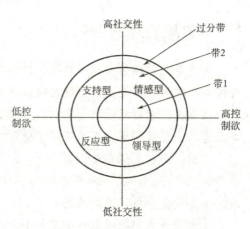

图6-2　商务沟通方式模型

资料来源：李光明. 现代推销实务. 北京：清华大学出版社，2011.

社会交往中对自身情感表达方面的控制程度。社交能力强的人喜欢与人打交道，自由地表达其感情；社交能力弱的人喜欢在单独的环境下工作，控制其感情。

（1）情感型（emotive style） 情感型处于第一象限。情感型的人是控制欲和社交欲都非常强的人，一般都热情奔放，在社交场合特别主动、活跃，有很强的鼓动性，愿意花时间维持所拥有的社交关系。主要表现是：

① 显得特别活跃，感觉非常忙，总是闲不住；
② 讲话时节奏很快，伴随有很强的手势动作；
③ 社交场合表现主动，通常主动与人打招呼、握手；
④ 喜欢在非正式的环境下交流；
⑤ 不喜欢隐瞒自己的感情，强烈地、激动地表达自己的观点。

（2）领导型（director style） 领导型位于第四象限。领导型的人是控制欲强而社交欲弱的人，通常非常坦率，敢做敢为，做事果断，富有进取心。主要表现是：

① 显得特别忙，不愿意浪费时间，喜欢开门见山地进入交谈的主题；
② 在许多场合讲的比听的多，给人以不喜欢倾听的感觉；
③ 表情严肃，缺乏热情；
④ 总是希望控制会谈的局面和进程。

（3）反应型（reflective style） 反应型又称顾虑型、思考型，位于第三象限。反应型的人是控制欲和社交欲都较弱的人，通常这种类型的人在做出决策之前，总是希望掌握所有的信息，仔细地权衡，倾向于保守和谨慎。典型表现是：

① 控制自身的感情，极少公开表现热情；
② 习惯于按部就班，不喜欢意料之外；
③ 表达的观点经过反复思考，不会有过激的言行；
④ 在社交场合显得刻板，过于冷淡，给人难以接触的感觉。

（4）支持型（supportive style） 支持型位于第二象限。支持型的人是控制欲弱而社交欲强的人，通常喜欢倾听，很少以强迫的姿态表达自己的观点。不愿意抛头露面，喜欢在宁静、不引人注目的环境下工作。不是很自信，易于改变自身的观点。主要表现是：

① 可以很容易地表达其想法和意见，但不是很坚定，显得内向和保守；
② 专注地听别人讲话；
③ 依靠友好的劝告而不是权力去完成任务；
④ 做决定时，花比较长的时间进行考虑。

6.2.2 针对不同沟通模型的解决之道

（1）针对情感型的沟通解决办法

① 非常热情，不要过于呆板；
② 花时间与对方建立良好的关系，不要太注重一些事实和细节；
③ 用自己的行动去迎合对方的观点、主意和梦想；
④ 交流过程中，保持眼神的接触，做一个好的听众。

（2）针对领导型的沟通解决办法

① 高效、守时；
② 提供合适的数据资料，陈述成功的可能性；
③ 努力发现他们的需求，提供各种方式来支持和帮助他们实现目标；
④ 保持商业关系，而不是个人友情关系。

（3）针对反应型的沟通解决办法

① 会前要做充分的准备，出席洽谈要准时；
② 多数情况下，无需花大量时间来建立社会关系；
③ 直接提一些要求对方说明意图的问题，认真倾听客户的每一句话，铭记在心，并从他的言辞中推测他心中的想法；
④ 掌握潜在客户需求信息后，要用深思熟虑的方法来表达自己的建议，不要急于成交，也不要给反应型的人快速决定的压力。

（4）针对支持型的沟通解决办法

① 用一点时间了解支持型的人的家庭、消遣和兴趣爱好，仔细倾听他们的观点，与之建立良好的社会关系；
② 在了解他们的技术和商业需求时，应研究其感情需要；
③ 表现出充分的自信，同时，支持他们的观点；
④ 不同意支持型的人的观点时，也要极力克制自己，因为支持型的人不喜欢冲突，留足够的时间让他们理解你的推销建议。

6.3 语言沟通传递信息

6.3.1 认知语言沟通

语言是社会约定俗成的符号系统。人们运用语言符号进行信息交流，传递思想、情感、观念和态度，达到沟通目的的过程，叫作语言沟通。语言沟通是人际沟通中最重要的一种形式，大多数的信息编码都是通过语言进行的。语言沟通是指以词语符号为载体实现的沟通，主要包括口头沟通、书面沟通和电沟通等。口头沟通是指借助语言进行的信息传递与交流。口头沟通的形式很多，如会谈、电话、会议、广播、对话等等。书面沟通是指借助文字进行的信息传递与交流。书面沟通的形式也很多，例如通知、文件、通信、布告、报刊、备忘录、书面总结、汇报等等。电子沟通是通过网络设备、电信设备进行交流的形式，如电话、E-mail。

6.3.2　语言沟通存在的意义

（1）增强顾客对沟通行为的理解　沟通的最大障碍在于顾客误解或者对商务人员的意图理解得不够准确。为了避免这种问题的发生，商务人员可以让顾客对自己的意图做出反馈。比如，当你向顾客布置了一项任务后，就可以接着向顾客询问："你明白我的意思了吗？"同时，要求顾客把任务复述一遍。如果复述的内容与你的意图一致，说明沟通是有效的；如果顾客对你的意图的领会出现偏差，可以及时进行纠正。或者，你可以观察他们的眼睛和其他体态举动，了解他们是否正在接收你的信息。

（2）对不同的顾客使用不同的语言　在推销活动中，不同的顾客往往因为不同的年龄以及教育和文化背景，使他们对相同的话语产生不同的理解。另外，由于专业化分工不断深化，不同的顾客都有不同的"行话"和技术用语。而商务人员往往注意不到这种差别，以为自己说的话都能被其他人恰当地理解，从而造成沟通障碍。由于语言可能会造成沟通障碍，因此，商务人员应该选择顾客易于理解的词汇，使信息表达得更加清楚明确。在传达重要信息时，为了消除语言障碍带来的负面影响，可以先把信息告诉不熟悉相关内容的人。

（3）注意保持理性，避免情绪化行为　在接收信息的时候，接收者的情绪会影响到他们对信息的理解。情绪会使我们无法进行客观、理性的思维活动，而代之以情绪化的判断。商务人员在与顾客进行沟通时，应该尽量保持理性。如果情绪失控，则应当暂停沟通，直至恢复平静。

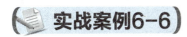
实战案例6-6

销售人员失败的提问方式

销售：李先生，我知道你们对上次订购的地板非常满意。这次你们公司又承接了这么大的工程，我想您一定还需要订更多的货吧？

客户：我们不再需要订购地板了。

销售：为何不需要了？可是这批地板是优质松木经过最新技术压制，受潮不易变形，在市场上非常畅销的呀！

客户：我知道你们的产品质量不错，但是我们不需要了。

销售：你是说这次不打算买了？
客户：不买了。
销售：真的不买？
客户：真的不买。
销售：你肯定是千真万确、的的确确、当真不买吗？
客户：我不买不买就是不买！
销售：哦，我的问题问完了。感谢你这么直率。

销售人员在与客户沟通过程中的提问方式是非常不合理的，使用的大多是封闭式提问，没有设身处地地站在客户立场来提出富有建设性的开放性问题，致使双方关系紧张、沟通不畅。

6.4 非语言沟通表达情意

6.4.1 知晓非语言沟通

语言沟通从词语发出时开始，利用声音这个渠道传递信息。它能对词语进行控制，是结构化的，并且是被正式教授的。

在人际交往中，非语言沟通具有非常重要的作用。人们常常运用一些非语言方式来交流思想，传递感情。比如一个人捶胸顿足，痛哭流涕，以此来表示自己的难过与悲痛；相反，眉开眼笑，手舞足蹈，表示兴奋和快乐；再如，宴席上主人频频敬酒是对客人的尊敬与欢迎；久别的朋友相见时紧紧拥抱表达二人之间深厚的情谊。那么，到底什么是非语言沟通呢？

非语言沟通是连续的，通过声音、视觉、嗅觉、触觉等多种渠道传递信息。绝大多数是习惯性和无意识的，在很大程度上是无结构的，并且是通过模仿学到的。在沟通中，信息的内容部分往往通过语言来表达，而非语言则作为提供解释内容的框架，来表达信息的相关部分。因此，非语言沟通常被错误地认为仅仅是发挥辅助性或支持性作用。

6.4.2 非语言沟通更能表情达意

（1）表情达意　眼睛是人心灵的窗户，能明显、自然、准确地展示自身的心理活动。眼神是传递信息十分有效的途径和方式，不同的眼神可传递不同的信息。在人际沟通中，目光语可以表达多种感情，根据情境不同，既可表示情意绵绵，暗送秋波；也可以表示横眉冷对，寒气逼人等。目光语通常有以下几种作用：提供信息；调节互动；启发引导；告诫批评；表达关系。

（2）表达友善与鼓励　面部表情是进行有效沟通的世界通用语言。人类的各种情感都可非常灵敏地通过面部表情反映出来。面部表情的变化是十分迅速、敏捷和细致的，能够真实、准确地反映感情，传递信息。

（3）相互了解，增进感情　在复杂的商场上，倾听使你更真实地了解对方的立场、观点、态度，了解对方的沟通方式、内部关系，甚至是小组内成员意见的分歧，从而使你掌握谈判的主动权。不能否认，谈话者也会利用讲话的机会，向你传递错误的信息或是对他有利的情报。这就需要倾听者保持清醒的头脑，根据自己所掌握的情况，不断进行分析，确定哪些是正确的信息，哪些是错误的信息，哪些是对方的烟幕，进而了解对方的真实意图。使对方变得不那么固执己见，更有利于达成一个双方都妥协的协议。

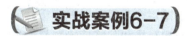

"推销相簿"

西蒙内尔在一家食品批发公司做冰激凌商务人员时，曾结合自己的特点，并充分考虑到顾客的需求和思考方式，别出心裁地自制了一种推销的用具——"推销相簿"。

西蒙内尔在记事本里贴上几年来在这里批发食品的上百家零售店的彩色照片。记录着这些零售店的冰柜、橱窗、门面等一系列的变化。还贴有零售店的老板及家人、售货员笑逐颜开的照片，并附有他们的留言。在交易过程中，他经常把相簿拿给顾客欣赏，并尽心尽力地回答顾客提出的各种问题，生意在不知不觉中就做成了。这本"推销相簿"在西蒙内尔的成功史上扮演了十分重要的角色。

事实胜于雄辩，一览无遗的图片比言辞更具说服力，生意谈起来格外顺利。这种推销方法不仅省时省力，而且降低了成本，提高了销售量，达到了十分理想的实际效果。

6.4.3　非语言沟通技巧须得当

（1）体态语言　体态语言也称作身势语，是以身体动作表示意义的沟通形式。人们见面相互点头、握手或拥抱，就是用体态语言向对方致意，表示问候和欢迎。人们在交谈时身体略向前倾，不时点头，神情随着谈话内容的变化而变化。这些体态特征表示出对说话者的尊敬。如果大腿不停地乱抖，身体随意摇晃，眼睛不住地左顾右盼，那一定会令对方感到不高兴。因为这些无声的语言传出的信息是不尊重、不礼貌和不欢迎。所以体态语言与人际沟通成功与否关系很大。

① 体态语言的类型。体态语言主要包括头语、身姿和手势三种，它们既

可以支持修饰言语，表达口头语言难以表达的情感意味，也可以表达肯定、默许、赞扬、鼓励、否定、批评等意图，收到良好的沟通效果。

头语：通过头部活动的语言，主要有点头、摇头。点头表示歉意、同意、肯定、承认、感谢等；摇头表示否定、不同意等含义。

手势是会说话的工具，是体态语言的主要形式，使用频率最高，形式变化最多，因而表现力、吸引力和感染力也最强，最能表达丰富多彩的思想感情。从手势表达的思想内容来看，手势动作可分为情意手势、指示手势、象形手势与象征手势。情意手势用以表达感情，使抽象的感情具体化、形象化，如挥拳表示义愤，推掌表示拒绝等。指示手势用以指明人或事物及其所在位置，从而增强真实感和亲切感。象形手势用以模拟人或物的形状、体积、高度等，给人以具体明确的印象。这种手势常略带夸张，只求神似，不可过分机械模仿。象征手势用以表现某些抽象概念，以生动具体的手势和有声语言构成一种易于理解的意境。

身姿是人们经常使用的姿势动作。例如，老师教学生要从小养成好习惯，要站如松，坐如钟，行如风，就可以伴以简洁的身姿作为示范。人们协调各种动作姿势，并与其他无声语言动作，如眼神、面部表情等紧密配合，使各种表现手段协调一致，才能达到良好的沟通效果。

② 体态语言作用。一是替代作用：代替自然语言进行信息沟通，如点头表示同意，摇头表示反对等。二是辅助作用：帮助自然语言加强所表达的意思。比如护士对患者说："我们共同配合，共同努力，一定要战胜疾病。"说的同时紧握拳头，这就大大加强了所表达的决心。三是表露作用：即表露出一定的感情和思想活动。比如在聆听有奖储蓄中奖号时的紧张、关注的神态，表露出一个人盼望中奖的期待；如听到一个不幸的消息时悲愤或难过的表情，显示出自己内心痛苦的情感；患者被病痛折磨时所表现出的痛苦表情。四是适应作用：体语可以帮助人们适应一定的环境。比如一位青年女子遇到尴尬之事感到不适应时，会拨弄辫梢、抚弄衣角来帮助自己从尴尬中摆脱出来；在路上认错人时不好意思地点头致歉来缓解窘态。

（2）脸部表情　脸部表情（又称面部表情）是身体语言的一种特殊表现。人类具有异常丰富的脸部表情，在人际沟通中，人们的脸部表情起着重要的作用。研究表明，在解释相互矛盾的信息交流的过程中，人们更加注重的是脸部表情而不是言语内容或声调。面部表情非常丰富，许多细微复杂的情感都能通过面部种种表现来传递，并且能对口语表达起到解释和强化作用。脸面的颜色、光泽，肌肉的收缩与舒张，以及脸部纹路的不同组合，便构成喜怒哀乐等各种复杂的表情。同样是笑，微笑、憨笑、苦笑、奸笑，在嘴、唇、眉、眼和脸部肌肉等方面都表现出许多细微而复杂的差别。因此，要善于观察面部表情的各种细微差别,并且要善于灵活地驾驭自己的面部表情,使面部表情能更好地辅助和强化口语表达。微笑来自快乐,它带来的快乐也创造快乐。在销售过程中,微微笑一笑,双方都从发自内心的微笑中获得这样的信息:"我是你的朋友。"微笑虽然无声,但是它表达出了高兴、欢悦、同意、尊敬的内心世界。作为一名成功的销售员,请你时时处处把"笑意写在脸上"。

(3)眼神与目光接触　　眼睛,这个心灵的窗户,它能表达许多言语所不易表达的复杂而微妙的信息和情感。眼神与语言之间有一种同步效应。通过眼神,可能把内心的激情、学识、品德、情操、审美情趣等等传递给别人,达到互相沟通的目的。不同的眼神,给人以不同的印象。眼神坚定明澈,使人感到坦荡、善良、天真;眼神阴暗狡黠,给人以虚伪、狭隘之感;左顾右盼,显得心慌意乱;翘首仰视,露出凝思高傲;低头俯视,露出胆怯、害羞。眼神会透露人的内心真意和隐秘。

目光接触是非语言交流的一种特别形式。和其他非语言交流形式一样,目光接触的意义变化很大,而且也依赖着前后情境关系。但在几乎所有的社会相互作用中,目光接触都传达着丰富的信息。首先,目光接触常用于调整谈话。比如,一位讲演者开始发言时转移目光,要结束时就抬起目光。转移目光似乎是为了预防反问和打扰,而抬起目光标志着一个问题的结束并允许其他人发言。

目光接触同样也能表明谈话者有无兴趣。电影里经常有互相凝视的两个人,以表示爱情、热情和极大的关心。当然,我们肯定都熟悉,长时间的目光接触表明对对方产生吸引力。另外,在一次偶然的谈话中,如果其中一个谈话者总保持着与对方目光接触,就会变成一种浪漫的表示。相反,避免或中断目光接触,通常是对对方不感兴趣的标志。的确,当某人在谈话中与对方没有目光接触时,一般就认为他或她心不在焉。与对方没有目光接触,很明显,说明他或她对所说的内容不感兴趣。

然而,这种一般原则也有例外。目光不怎么接触,有时可能说明某人害羞或害怕。另外,正传达坏消息或诉说痛苦事情的人,也可能避免目光接触。

(4)人际距离　　人际距离不仅是人际关系密切程度的一个标志,而且也是用来在人际沟通中传达信息的载体。所谓人际距离,是指人与人之间的空间距离。当人与人交往时处于不同的空间距离中,就会有不同的感觉,从而产生出不同的反应。因为人际距离传递出了不同的信息。彼此关系融洽的朋友总是肩并肩或面对面地交谈,而彼此怀有敌意的人只能是背对背以示不相往来。商务人员与顾客之间的距离必须要适当。在人际交往中,距离越近,双方关系越密切。一个人在单位中老是与他人保持一定的距离,如同事们在一个桌上吃饭,而他却端着饭盒离得远远的,总不与其他人在一起活动。人们会感到他难以接近,久而久之便疏远他了。

（5）时间控制　时间本身不具有语言的功能，不能传递信息，但是人们对时间的掌握和控制，却能用来表示一定的意思。在职业生活中，人们往往会以时间来传递某种信息和态度。比如开会时的早到、迟到或中途退场，往往对会议召集者表示出自己对会议的态度。当然，迟到本身也包含着不礼貌的信息。

在职业人际交往中，应遵守与人约定的时间，不可过早到达，尤其是到新朋友、同事家赴宴，但也不可迟到，这样会使主人感到不高兴，会被认为是对他的不尊重和轻蔑。

（6）仪表、衣着与环境布置　仪表、衣着服饰是一种无声的语言。仪表是否端庄，衣着服饰是否美观大方，表现出自己的审美情趣和对他人的态度。

女性商务人员浓妆艳抹、穿金挂银，这种装饰同样让顾客无法信任。既不能不修饰，又不能过分修饰，提倡"淡妆上岗"。环境布置也能表达出一定的信息。

（7）人体接触　一是表示亲近、关系密切；二是表明一种关怀或服务，如商务人员与顾客之间的接触，父母与儿女之间的接触等。

（8）类语言和辅助语言　类语言是指无固定语义的发声，如哭声、笑声、叹息、呻吟以及各类叫声。

在一定意义上说，类语言虽然不是语言，但有时却胜似语言。它在沟通思想、感情方面的作用，丝毫不比语言逊色。例如，就笑声而言，有哈哈大笑、爽朗的笑、略有声音的笑、傻笑、苦笑、冷笑、狞笑、干笑、皮笑肉不笑等等。如此多种类的笑，其表达思想和情感的内容异常丰富。

辅助语言是指言语的非词语的方面，即声音的音质、音量、声调、语速、节奏等等。它们是言语的一部分，却不是言语的词语本身。辅助语言有时也可以表达出不同的意思，借助它来传递某方面的信息。比如用轻缓和平稳的语调说"你真聪明"，表达了对对方的称赞和敬意；如果语速较快，声调尖刻地说"你真聪明"，那无疑是在讥讽对方。如护士在给病人注射时用轻缓的声调说"请准备好，我要给您打一针，"同样一句话，苦采用高兴的声调说，则产生的效果是不一样的。前者似春风拂面，病人感到温暖、安全，后者则使病人产生紧张感。

6.5　剖析商务沟通障碍

让顾客说"是"的技巧

美国西屋公司的商务人员约瑟夫·阿里逊曾经这样描述他的一段经历：

在我负责的区域中，我希望将自己的机电产品推销给S工厂，我的前任也有此愿望，可是为之进行了10年的不懈努力，都未能获得成功。在我接任后又进行了10年的努力，只在一个偶然的机会中向S工厂试销了数台马达。反正是试销，我相信，如果马达运转顺利的话，他们一定会继续向我订购大批马达的。

三个星期过去了，我深信自己判断的准确性。于是，便满怀信心地跨进了S工厂的大门。

"阿里逊，我不要你们公司的马达了。"那家工厂的总工程师见到我就这样说。这使我大吃一惊，简直使我手足无措，我连忙追问原因便。

"你们公司的马达发热度过高，使工作人员无法接触。"他回答说。

如果我表示赞同，照我以往的经验，定将于事无补。

于是，我对他说："史密斯先生，您说得很有道理。若真有这种情况发生，我们决不会要求您购买。您应选择发热量比工会所定标准更小的马达。您说是吗？"

他的回答当然是肯定的。

就这样，我得到了一连串问题中的第一个"是"。

接着，我请教他，工会规定的马达温度，在室内是不是可以比室温高72华氏度。

他仍然回答"是"。

接着，他说："虽然如此，那些马达却比规定的热度高得多。"

我不反对他的话，只是问："你们工厂的温度是多少呢？"

"大约75华氏度吧。"

于是，我对他说："以工厂温度75华氏度来看，加上规定温度一共是147华氏度。如果用手去触摸147华氏度的高温，是不是会被烫伤呢？"

他不得不回答"是"。

"那么，如果请工人不要去触摸马达，不就避免被烫伤了吗？"

"对，您说得对。"

于是，他便将下个月的预算3.5万元美金都订了西屋公司的货。

作为商务活动之一的推销，离不开与客户进行有效沟通。尝试分析一下此次沟通成功的原因。

（资料来源：李红梅. 现代推销实务. 北京：电子工业出版社，2005.）

6.5.1 商务沟通存在的障碍

在现实的商务活动中，我们必须要做到有效沟通，这样的沟通才有意义。所谓有效沟通，是通过听、说、读、写等思维的载体，以演讲、会见、对话、讨论、信件等方式准确、恰当地表达出来，以促使对方理解并接受。因此，要做到以下两点：

① 信息发送者清晰地表达信息的内涵，以便信息接收者能准确理解；

② 信息发送者重视信息接收者的反应并根据其反应及时修正信息的传递，免除不必要的误解。两者缺一不可。

不管是作为商务人员还是销售人员，再或者是一个管理人员，表达沟通力都很重要。作为商务人员，也需要在不同的商务场合去接触各种层次的交往对象。如何与交往对象保持良好关系，沟通会起到决定性作用。作为销售人员，需要面对的是五花八门的现代商品，但人生必需品只有食与色。基本层次满足以后，其他衍生出来的其实都是非必要商品。但是，了解影响消费者消费决策因素，找准刺激顾客购买非必要商品的欲望，就是行销的首要课题。管理人员也需要上传下达，与领导进行有效的工作汇报，对下属要发布命令，进行合理的管理，沟通的技巧尤为重要。实际上，在现代式的商务活动中，我们很难保证每次的沟通都很有效，往往很多时候是不尽人意的，由此而产生了商务沟通障碍。

所谓沟通障碍，是指信息在传递和交换过程中，由于信息意图受到干扰或误解，而导致沟通失真的现象。在人们沟通信息的过程中，常常会受到各种因素的影响和干扰，使沟通受到阻碍。

6.5.2 产生商务沟通障碍的原因

在商务活动中，沟通是非常重要的。这是因为一个有效的沟通必须包含诸多的要素和步骤。在每一个要素和每一个步骤中都可能存在着各种障碍，它们直接影响沟通效能的发挥。那么，导致产生商务沟通障碍的具体因素有哪些呢？具体如下：

（1）语言障碍，产生理解差异　中国地域辽阔，各地区语言差别大，如南方人讲话北方人听不懂。即使话听得懂，但语言本身并不是客观事物本身，思想和语言往往并不是一回事，各人的语言修养和表达能力差异很大，加上有些沟通者事先缺乏必要的准备和思索，或用词不当或说话意图不清，听了半天不知所云。即使意思清楚，用词得当，由于语音复杂，一词多意，理解的可变度较大，个人在信息翻译、解码过程中还会加上主观的综合推理。因而受个人的世界观、方法论、经历、经验、需要的影响，从而产生不同的理解和推论。

（2）沟通链太长，导致信息失真　在工作中，传达和汇报是我们经常使用的沟通方式。一般每多经过一个沟通链条，就要丢失20%左右的信息，如表6-1所示。

表6-1 公司内信息的传递及流失

职位	原始信息	流失率
总经理	100%	
常务副总经理	66%	34%
行政经理	56%	44%
部门经理	40%	60%
主管	30%	70%
员工	20%	80%

（3）形象不好，妨碍沟通　如果沟通者在接收者心目中的形象不好、存有偏见，则后者对其所讲述的内容往往不愿意听或专挑毛病。有时虽无成见，但认为所传达的内容与己无关，从而不予理会，拒绝接受。

实战案例6-9

在一个下雨的星期一的早晨，销售王经理浑身湿漉漉，上气不接下气地赶到对方公司的前台说："你们头儿在吗？我与他有个约会。"

前台冷淡地看了他一眼说："我们李总在等你，请跟我来。"

王经理拿着雨伞和公文包进了李总办公室。穿着比王经理正式许多的李总从办公桌后出来迎接他，并把前台接待又叫进来，让她把王经理滴水的雨伞拿出去。

两人握手时，王经理随口说："我花了好大工夫才找到地方停车。"

李总说："我们在楼后有公司专用停车场。"

王经理说："哦，我不知道。"

王经理随后拽过一把椅子坐在李总办公桌旁边，一边从公文包拿资料一边说："哦，老李，非常高兴认识你。看来我们将来会有很多机会合作。我有一些关于产品方面的材料。"

李总停顿了一下，好像拿定了什么主意似的说："好吧，我想具体问题你还是与赵女士沟通吧。我现在让她进来，你们两个可以开始了。"可见此次沟通一定不会成功。

商务人员的形象非常重要，务必引起重视。

（4）条件不清，理解各异　大至一个国家，小至一个企业，往往同一个政策和制度执行起来存在差异。这与国家和企业的规模、干部水平不同有关，但很重要的一点是任何一项政策、制度、办法的执行都有一定的边界条件。商务人员在跟顾客传达信息时往往只注意传达产品信息本身，而忽略这些边界条件。边界条件不讲清楚，就会理解不一、行动失调。

（5）利益冲突，有意隐瞒　很多企业都存在报喜不报忧的情况。为什么好的信息传得快，而坏的信息传不出去呢？主要取决于利害关系。如怕给领导留下不好的印象，怕影响本单位声誉。由于利害关系或习惯势力的影响，许多人都抗拒与自己利益或经验不一致的变革。变革越大，抗拒性越强。抗拒改革的方式包括不予理会；直接拒绝；加以曲解。

（6）要求不明，渠道不畅　为了完成组织的任务和做出正确的决策，领导者需要哪些信息呢？在组织设计的同时应当向各个岗位明确"你们应当向我提供哪些信息，你们还应当向谁提供什么信息"，从而构建整个组织的沟通渠道。如果没有明确的设计，企业的沟通渠道就必然呈现自发的无组织状态，以致别人提供的信息并不需要，而需要的信息又没有，效能很低。

（7）地位差异，妨碍交流　一般人在接受信息时不仅判断信息本身，而且判断信息来源。信息来源的层次越高，便越倾向于接受。所以，一个领导者不容易得到充分而真实的信息，特别是当领导者不愿听取不同意见时，必然堵塞言路，令下级保持沉默。

（8）地理障碍，沟通困难　企业组织庞大，地理位置分散。相距较远或地形复杂都会引起沟通困难。虽然有电话和文件联系，但缺乏面对面沟通，这也是沟通的一大障碍。

（9）心理性障碍　沟通在很大程度上受个人心理因素的制约，如个体的修养、气质、态度、情绪、见解、记忆等差别，都会成为在信息过滤传递中的障碍，会不同程度地影响沟通效果。如果一个人对另一个人的说话方式很反感，就会导致两人之间的心理距离。例如，张三用盛气凌人的语气与李四讲话，李四对这样的说话方式很反感，这种反感就导致心理距离，造成沟通无效。

（10）管理性障碍　通常是指领导体制、领导方式、领导者的作风、组织环境、民主作风、组织机构设置、沟通渠道设置等方面的问题。比如：独裁而缺乏民主作风的领导会影响员工与领导的沟通；制度不健全会导致沟通渠道不畅、堵塞言路，等等。

6.6　商务沟通成功要领

人际沟通技巧是个人成功最有用的基本技能。现在的商业运作最需要沟通，也最缺少沟通，所以，掌握这个方法和技巧非常重要。现实中，任何人都需要与他人沟通、实现合作，需要跟更多的人去打交道。就商务人员而言，要避免出现行销上的错误。不要看你销售多少产品，而是要考虑损失了多少顾

客。另外,我们还要注意以下几点:

(1)避免使用过多的专业术语,需要提高个人的专业知识水平 好的商务人员要熟悉并掌握自己所在行业的相关专业知识,避免听不懂专业术语。有了良好的产品知识和行业知识,可以使沟通言之有物,说服力强,让客户感到他在和一位业内的专业人士交流,从而使客户信服,进而赢得客户的信任。与此同时,在沟通当中也要避免使用过多的专业术语,每个人对专业知识的把握程度是不一样的。

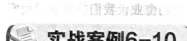

实战案例6-10

唐代末年,正值兵荒马乱之时,物资奇缺。隆冬时节,有一秀才去买柴。他对卖柴的人说:"荷薪者过来!"卖柴的人虽然听不懂"荷薪者"(担柴的人)三个字,但是听得懂"过来"两个字,于是把柴担到秀才前面。秀才开口便问:"其价如何?"卖柴的人听不太懂这句话,但是听得懂"价"这个字,于是就告诉秀才价钱。秀才接着说:"外实而内虚,烟多而焰少,请损之。"(你的木材外表是干的,里头却是湿的,燃烧起来,浓烟多而火焰小,请减些价钱吧。)卖柴的人愣了半天,还是听不懂秀才的话,于是担着柴就走了。寒风中等柴烧的秀才大惑不解。

案例中交谈双方无法实现有效沟通的原因非常简单:一方面,语言不够通俗易懂;另一方面,没学会换位思考,都只站在自己的立场思考问题,致使沟通无法实现。

(2)锻炼待人接物的能力 待人接物能力的提高,需要生活的磨炼和经验的积累。想在短期内迅速提高是不现实的,只有在平常的生活中,多留心,多学习,懂得人情世故。销售人员要能品味出客户字里行间的含义,在面对不同喜好、不同性格的客户时,都能游刃有余,更容易拉近与客户的距离。

(3)确保清晰的表达 商务人员在和客户沟通时,滔滔不绝,不能把自己的意图表达明白,结果造成沟通的失败。这种情况很容易发生在电话联系当中,说得多,不一定会留给客户好印象,有时甚至适得其反。"时间就是金钱",沟通尽可能简单明了。简单寒暄后,要开门见山,直奔主题,让对方明白你的意图,避免造成对方理解的偏差。

(4)做一个好的"倾听者" 沟通的高手即使在不赞成客户的时候,也会先表示肯定。等到对方讲完后,再站在客户的角度谈自己的看法,更容易让客户接受自己的意见。不时的肯定,不会随便打断对方的讲话,是在表示对客户的肯定和尊重,这是初步赢得沟通成功的重要方式之一。有些销售人员不等对方讲完,就断章取义地反驳或者插话,这样做会让客户感觉没有被尊重。倾听会让你更明白对方的想法,为最终的签单打下良好的基础。

商务沟通方法是技巧,是捷径,但使用方法的人必须做到熟能生巧。这就要求销售员在日常推销过程中有意识地利用这些方法,进行现场操练,达到"条件反射"的效果。面对出现的情况,大脑不需要思考,就能采取有效的应对方法。到那时,顾客"除了成交,别无选择"。"得人心者得天下",既是治国之道,也是商业之理。当我们处理好自己和客户的关系,把握好取和舍的尺度,摆正信义利的位置,以合作共赢的思维模式,搭建利益共享的合作平台,让每个合作者都有利可图,个个都成为赢家。我们的企业,我们的事业,我们的社会,能不发展吗?能不和谐吗?

(5)考虑接收者的需要和理解能力　在发布信息、传递信息的时候,我们不能只顾自己,滔滔不绝地发表演讲,而应站在他人的立场上为其考虑,理解他人的需要和理解能力的差异。

本章回顾

商务人员的沟通能力是成功推销的基础。商务人员是企业的形象大使,为了公司及自身的利益,必须善于形体与语言沟通。本章节着重介绍了商务沟通的概念、作用、方式,以及推销中的语言沟通与非语言沟通方式,沟通方式的四种模型,确定与顾客沟通的适宜方式,以及如何提高商务沟通技巧,明白沟通在推销工作中的重要性。

实战演练6

演练目标

在了解商务沟通的基本概念的基础上拓展、丰富专业知识,更加了解自己在商务活动中的能力及发展趋势。

情景测试题

请阅读下面6个情景性问题,每题有3个选项,请你选出其中一个你认为最适合的处理方法。请尽快回答,不要遗漏。

1. 你的一位上司邀请你共进午餐。餐后你回到办公室,发现你的另外一个上司对此颇为好奇,此时你会(　　)。

   A. 告诉他详细情况

   B. 不透露蛛丝马迹

C. 粗略描述，淡化内容的重要性

2. 你正在主持会议，有一位下属一直以不相干的问题干扰会议，为此你（　　）。

A. 要求所有的下属先别提出问题，直到你把正题讲完

B. 纵容下属提问

C. 告诉下属在预定的议程完成之前先别提出问题

3. 你跟上司在讨论事情，有人打来长途电话找你，此时你会（　　）。

A. 告诉对方你在开会，待会儿再回电话

B. 请上司的秘书代接并说你不在

C. 接电话，而且该说多久就说多久

4. 有位下属连续四次在周末向你要求他提早下班，此时你会对他说（　　）。

A. 你对我们相当重要，我需要你的帮助，特别是在周末

B. 今天不行，下午四点我要开个会

C. 我不能再容许你早退了，你要顾及他人的想法

5. 你刚被聘为某部门主管，你知道还有几个人关注着这个职位，上班第一天，你会（　　）。

A. 把问题记在心上，但立即投入工作，并开始认识每一个人

B. 忽略这个问题，并认为情绪的波动很快会过去

C. 个别找人谈话以确认哪几个人有意竞争职位

6. 你有位下属说："有件事我本不应该告诉你的，但你有没有听说……"你会说（　　）。

A. 跟公司有关的事我才有兴趣听

B. 我不想听办公室的流言

C. 谢谢你告诉我怎么回事，让我知道详情

附录

实战演练 答案

【实战演练1】

选择A、B、C居多：性格不太适合从事谈判工作，缺乏必要的谈判心理素养。

选择D居多：比较理想的选择，适合从事谈判工作，性格沉稳，收发有度，愿意与人合作。

【实战演练2】

选择方片居多：你是具有合作态度的谈判者

你认为在所有的人际关系中，冲突是不可避免的。你知道如何控制自己的情绪，面对对方的提议表示尊重，尽量避免争吵、个人攻击和威胁。你的倾听和善解人意是实现你自己目的的最有力手段。

你的目的：找到乐观的、让大家都满意的解决方案。

结果：你能找到最佳途径。既解决了问题，又多交了一个朋友。

选择梅花居多：你是一个妥协派的谈判者

你认为只要事情能够得到解决，双方都应该做出让步。就像在市场上讨价还价的时候，只能谋取一个中间数值。根据谈判对方的性格特点，你轮番使用胡萝卜和大棒。有的时候强硬，有的时候和解，你的偶像是所罗门国王。

你的目的：在双方利益的中间找到一个妥协点。有时更靠近你，有时更靠近对方。

结果：这个方法可以帮助你解决一个问题，但无法从根本上解决问题。其结果很可能是你和对方都不满意，你们都没有达到自己的目的，只是找到了一个可怜的解决办法而已。

选择黑桃居多：你是一个控制型谈判者

你喜欢飞舞的盘子和摔得啪啪响的门，或者说，你喜欢赢。对你来说，一切谈判都是力量的较量，只有坚持到底才能获胜。你一定要求对方让步，拒绝接受新的建议。为了维护自己的利益，你可以用牙咬，用指甲抓，不惜使用威胁和暴力。

你的目的：在力量的较量中取胜。

结果：当然，你有的时候会赢，可更多的时候，你的态度会使你的谈判者更加抵制，并在未来长时间里与你对抗。

选择红桃居多：你是一个顺从型的谈判者

你实在太好说话了，在所有的谈判中你都会让步。因为你害怕冲突，愿意让对方满意，维持你们的关系。为此，你不惜牺牲自己的利益，忽视自己的意愿，在心中默默咀嚼失望和苦涩。

你的目的：不要让对方发怒，只要满足了他的条件，你就能获得安宁。

结果：不仅你自己感到郁闷，对方也会进一步提出条件，而不是像你设想的那样感激你的善良。

【实战演练3】

1. 选A得2分，选B得3分，选C得7分，选D得6分，选E得10分
2. 选A得2分，选B得10分，选C得7分，选D得6分，选E得5分
3. 选A得4分，选B得3分，选C得6分，选D得7分，选E得10分
4. 选A得10分，选B得6分，选C得5分，选D得2分，选E得8分
5. 选A得4分，选B得2分，选C得10分，选D得6分，选E得5分
6. 选A得6分，选B得2分，选C得6分，选D得10分，选E得3分
7. 选A得10分，选B得4分，选C得8分，选D得2分，选E得7分
8. 选A得4分，选B得10分，选C得3分，选D得6分，选E得7分
9. 选A得4分，选B得6分，选C得2分，选D得10分，选E得7分
10. 选A得10分，选B得2分，选C得6分，选D得6分，选E得7分

得分为95分以上：谈判专家；90～95分：谈判高手；80～90分：有一定的谈判能力；70～80分：具有一定的潜质；70分以下：谈判能力不合格，需要继续努力。

【实战演练4】

根据个人情况来予以回答。分数超过20分的，表示个人不善于表达、比较孤僻、缺乏信任；20～10分的，则表示个人有一定表达能力，有待于提高个人语言能力及沟通能力；分数低于10分的，则意味着个人交往能力较强，比较擅长沟通，能进行有效表达。

【实战演练5】

1. 美国；2. 英国；3. 法国；4. 韩国

【实战演练6】

选择A得1分，选择其他选项得0分。

如果你的得分为0～2分，表明你的沟通能力较差，沟通存在较大的障碍，你急需加强沟通技能的学习和训练。

如果你的得分为3～4分，说明你的沟通能力较为一般。如果你能够进一步加强沟通能力的学习和训练，将会使你受益匪浅。

如果你的得分为5～6分，表明你具有较强的沟通能力，你能够与人进行有效沟通。

参考文献

[1] 蒋小龙. 商务谈判与推销技巧. 北京：化学工业出版社，2015.
[2] 冯华亚. 沟通技巧与实战. 北京：清华大学出版社，2012.
[3] 李光明. 现代沟通实务. 北京：清华大学出版社，2011.
[4] 杨群祥. 商务谈判与沟通. 大连：东北财经大学出版社，2005.
[5] 王国梁. 沟通与谈判技巧. 北京：机械工业出版社，2003.
[6] 吴金法. 现代沟通理论与实务. 大连：东北财经大学出版社，2002.
[7] 潘肖珏，谢承志. 商务谈判与沟通技巧. 上海：复旦大学出版社，2004.
[8] 孙庆和. 实用商务谈判大全. 北京：企业管理出版社，2000.
[9] 周琼，吴再芳. 商务谈判与沟通技术. 大连：东北财经大学出版社，2005.
[10] 龚荒. 商务谈判与沟通技巧. 北京：清华大学出版社，2009.
[11] 李红梅. 现代沟通实务. 北京：电子工业出版社，2005.
[12] 方明亮. 商务谈判与礼仪. 北京：科学出版社，2006.
[13] 冯华亚. 商务谈判. 北京：清华大学出版社，2006.
[14] 徐文，马明. 现代商务谈判. 郑州：人象出版社，2012.
[15] 李炎炎. 国际商务沟通与谈判. 北京：中国铁道出版社，2006.
[16] 李嘉珊. 国际商务礼仪. 北京：电子工业出版社，2011.
[17] 杨震. 模拟商务谈判. 北京：清华大学出版社，2006.
[18] 黄琳. 商务礼仪. 北京：机械工业出版社，2006.
[19] 李品媛. 现代商务谈判，大连：东北财经大学出版社，2007.
[20] 李爽. 商务谈判. 北京：清华大学出版社，2007.
[21] 周延波. 商务谈判. 北京：科学出版社，2006.
[22] 李伟. 商务谈判. 北京：科学出版社，2006.
[23] 易开刚. 现代沟通学. 上海：上海财经大学出版社，2008.
[24] 吴健安. 现代沟通理论与技巧. 北京：高等教育出版社，2008.
[25] 刘志超. 现代沟通学. 广州：广东高等教育出版社，2004.